Christa Pöppelmann

# ERFINDUNGEN

## für Besserwisser

GONDROM

**Christa Pöppelmann** absolvierte in München ein geisteswissenschaftliches Studium. Seit 1992 arbeitet sie hauptberuflich als Journalistin und veröffentlichte bereits mehrere Bücher zu Philosophie und Geschichte sowie Ratgeber.



Produktion: twinbooks, München
Umschlaggestaltung: Christine Retz
Umschlagillustration: Norbert Pautner, München
Umschlagfoto: Getty Images, München

Bildnachweis:
Apple: 122; Artur Fischer GmbH & Co. KG, Waldachtal: 135, 136; DESY, Deutsches Elektronen-Synchrotron: 126; Digital Stock: 70, 78, 96, 97; Getty Images: 115, 131; IBM Deutschland GmbH, Stuttgart: 80; Ingram: 34, 119; RWE Power: 109; Siemens AG, München: 28, 30, 50, 67, 104; Stiftung Jugend forscht e.V.: 147; twinbooks, München: 9, 13, 14, 17, 22, 27, 39, 46, 53, 55, 57, 59, 61, 74, 83, 85, 91, 98, 102, 113, 156



003

ISBN-10: 3-8112-2844-7
ISBN-13: 978-3-8112-2844-3

5 4 3 2 1

*www.gondrom-verlag.de*

# Inhalt

# Geniale Köpfe – bahnbrechende Ideen

Wir knipsen das Licht an, telefonieren, fahren mit dem Auto in Urlaub oder fliegen mit dem Flugzeug in andere Kontinente – der Alltag zu Beginn des 21. Jahrhunderts erscheint unkompliziert und komfortabel. Doch haben Sie schon einmal darüber nachgedacht, dass hinter den uns so vertrauten Gegenständen und Lebensformen geniale Erfindungen stecken? Zumeist waren es in ihrer Zeit revolutionäre Neuerungen.

Bereits in den Früh- und Hochkulturen, etwa in Mesopotamien, entstanden Pläne zu landwirtschaftlichen Geräten und architektonischen Meisterleistungen. In Mittelalter und Renaissance und vor allem im Zuge des technischen Zeitalters kamen weitere Entdeckungen hinzu – bis hin zu PC, Internet und Digitalkamera. Und die neuen Möglichkeiten der Gentechnologie sind heute in aller Munde. So unterschiedlich die einzelnen Erfindungen waren, so verschieden und unverwechselbar traten auch ihre »Väter« oder »Mütter« auf. Doch eines verband diese großen Geister ausnahmslos: leidenschaftliche Neugierde, Fantasie und Mut sowie große Spielfreude, die sich von anfänglichen Schwierigkeiten nicht abschrecken lässt. Viele der bekanntesten Forscher haben sich mühsam hochgearbeitet, um im chemischen oder medizinischen Labor ihren Lebenstraum verwirklichen zu können.

Aber auch die andere Seite der Medaille lohnt einen Blick: Wer nämlich viel ausprobiert, muss auch viele Fehlschläge in Kauf nehmen: Zahlreiche Erfindungen scheiterten oder ihre Stunde war einfach noch nicht gekommen – ganz abgesehen von den ambivalenten oder potenziell schädlichen Entdeckungen, die das Verantwortungsbewusstsein von Mensch und Wissenschaft auf den Prüfstand stellen, etwa die radioaktive Strahlung.

Dieses Buch führt Sie in die Welt revolutionärer Geister und bahnbrechender Ideen. Lassen Sie sich von der Neugier der Forscher ein wenig anstecken!

# Die großen Genies

Die Stars unter den Erfindern zeichnen sich dadurch aus, dass ihre Namen ihre Leistungen überstrahlen. Archimedes oder Leonardo da Vinci sind jedem ein Begriff. Auf die Frage, welche Erfindungen sie eigentlich so berühmt gemacht haben, dürften die Antworten schon erheblich unsicherer ausfallen. Manchmal werden großen Namen auch zu Unrecht Erfindungen zugeschrieben, um ihr Genie zu rechtfertigen. Weder hat James Watt die Dampfmaschine erfunden noch Thomas Alva Edison die Glühlampe. Und trotzdem sind sie zu Recht bekannter als ein Thomas Savery oder ein Heinrich Goebel, die diese Erfindungen bereits vor ihnen gemacht haben.

Denn die großen Erfinder waren keine Eigenbrötler, die im stillen Kämmerlein an einer genialen Idee gebastelt haben. Sie waren ausnahmslos vielseitig interessierte Menschen, die oft eine unglaubliche Menge an Erfindungen auf den verschiedensten Gebieten gemacht haben und dabei die praktische Umsetzung ihrer Ideen immer im Blick behielten.

# Der große Unbekannte – Archimedes von Syrakus

**Archimedes war der erste große namentlich bekannte Erfinder der Weltgeschichte. Aber er war auch Mathematiker und Physiker. Er entdeckte viele Gesetze der Mechanik und Statik wie Hebelwirkung, Verdrängung, Schubkraft oder Beschleunigung. Aufbauend auf diesen Erkenntnissen konstruierte er rund 40 revolutionäre Maschinen.**

## Anekdoten statt Fakten

Über Archimedes ist wenig bekannt. Er wurde als Sohn des Astronomen Phidias um 285 v. Chr. in Syrakus, einer vom griechischen Mutterland gegründeten Kolonie auf Sizilien, geboren. Als junger Mann studierte er am Museion von Alexandria in Ägypten, dem damaligen Zentrum der Wissenschaften. Anschließend kehrte er in seine Heimat zurück und arbeitete im Dienste von Hieron II., der von 270 bis 215 v. Chr. über Syrakus herrschte. Mit dem König verband ihn eine enge Freundschaft. Hieron verteidigte die Stadt während seiner ganzen Regierungszeit diplomatisch und militärisch gegen die Belagerungen der Römer. Angesichts der römischen Erfolge schloss Hieron einen Friedens- und

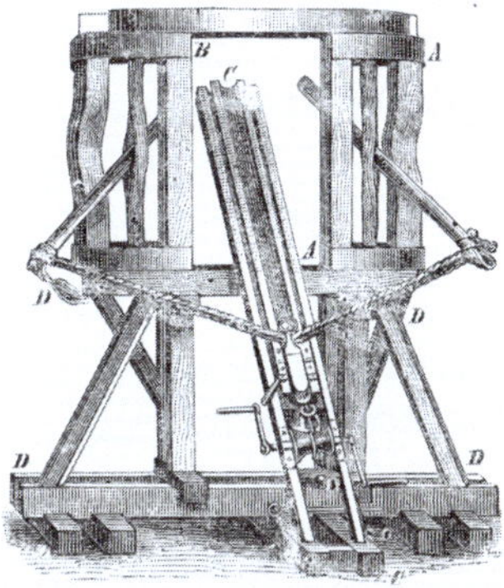

**Bei der Erfindung der Wurfmaschine machte sich Archimedes das Gesetz der Hebelwirkung zunutze**

Bündnisvertrag mit Rom. Dieser wirkte sich günstig auf die innere Entwicklung von Syrakus aus, denn es scheinen politisch friedliche Verhältnisse geherrscht zu haben.

Archimedes hat schon seine Zeitgenossen so fasziniert, dass bereits in der Antike eine ganze Reihe von Anekdoten über ihn im Umlauf waren.

### Das Gesetz des Auftriebs

Hieron, so heißt es in den antiken Quellen, vermutete, dass ein Goldschmied seine neue Krone mit unedlem Metall gestreckt hatte. Er bat Archimedes, dies zu überprüfen, ohne die Krone zu zerstören. Angeblich kam Archimedes die Lösung beim Baden. Als die Wanne beim Einsteigen überlief, wurde ihm klar, dass jeder Körper gemäß seinem Volumen Wasser verdrängt. Über diese Erkenntnis soll er so begeistert gewesen sein, dass er nackt durch die Straßen lief und »Heureka« (griechisch = »Ich hab's gefunden!«) schrie. Als er die Krone zusammen mit einem gleich schweren Goldbarren in randvolle Wassergefäße tauchte, stellte er fest, dass die Krone mehr Wasser verdrängte, also ein größeres Volumen als der Barren hatte, und deshalb teilweise aus leichterem Material bestehen musste. Der Goldschmied wurde dafür von Hieron mit dem Tod bestraft. Ob Archimedes seine Entdeckung dann auch praktisch einsetzte, etwa für den Schiffsbau, ist nicht bekannt.

### Zauberschraube und Hebelgesetz

So wenig über den Erfinder bekannt ist, so gut wissen wir über seine Erkenntnisse und Erfindungen Bescheid. Sie verblüffen noch heute, so die berühmte »archimedische Schraube«. In einem schräg

### ➤ Die Solarkanone

**Der Überlieferung nach soll Archimedes römische Kriegsschiffe mit Hilfe von riesigen Greifhaken, die an kranähnlichen Konstruktionen befestigt waren, hochgehoben und wieder fallen gelassen haben, sodass sie zertrümmerten. Auch soll er die Schiffe der Belagerer mit Hilfe von Parabolspiegeln in Brand gesteckt haben. Ob das stimmt, bezweifeln viele Wissenschaftler. Andererseits hatte Archimedes die Optik von Hohlspiegeln studiert und wusste, dass man damit die reflektierenden Sonnenstrahlen bündeln und somit genügend Wärme erzeugen konnte. Experimente in den USA haben gezeigt, dass eine solche »Solarkanone« mit den damals zur Verfügung stehenden Materialien funktioniert haben könnte.**

gestellten Rohr befindet sich – dicht anliegend – eine Schraube mit schneckenförmigem Gewinde. Das untere Ende des Rohrs liegt im Wasser, damit es in die Vertiefungen des Schraubengewindes fließen kann. Dreht man die Schraube, wird das Wasser bei jeder Drehbewegung entgegen der Schwerkraft bis an das obere Rohrende befördert. Mit diesem Rohr lässt sich also Wasser spielend leicht einige Meter bergauf kurbeln, wodurch sich die Menschen mühsames Schöpfen an Fluss- oder Seeufern sparen konnten. Dieses Prinzip wird heute noch zu Bewässerungszwecken im Nahen Osten, wie in Ägypten, angewandt.

**Am längeren Hebel**

Auch Archimedes' Entdeckung des Hebelgesetzes führte zu allerlei Kraft sparenden Erfindungen. Das Gesetz besagt, dass umso weniger Kraft für das Heben einer schweren Last aufgewandt werden muss, je länger der Hebel ist. Archimedes baute einen Flaschenzug und perfektionierte ihn so, dass König Hieron angeblich bei einer öffentlichen Vorführung ein voll beladenes Kriegsschiff mit seiner Muskelkraft

**FÜR BESSERWISSER**

**Der Wissenschaftler**

**Archimedes entwickelte Berechnungsverfahren für Flächen- und Rauminhalte. Er war der Erste, der die Bedeutung des Schwerpunktes erkannte, fand das Prinzip der kommunizierenden Röhren und schuf die Grundlagen der Integralrechnung. Mit seinen Erkenntnissen lieferte er späteren Erfindern und Konstrukteuren wichtige Werkzeuge.**

an einem einzigen Seil anheben konnte. Archimedes benutzte diese Erkenntnis, um immer größere und leistungsfähigere Katapulte zu bauen, die die zahlenmäßig weit überlegene römische Flotte jahrelang an der Eroberung von Syrakus hinderte.

Als die Römer Syrakus nach dreijähriger Belagerung 212 v. Chr. schließlich erobert hatten, befahl Feldherr Marcellus, den genialen Archimedes zu schonen. Wie die Legende berichtet, kauerte der berühmte Mathematiker im Sand und zeichnete versunken geometrische Figuren. Dem römischen Soldaten, der ihn festnehmen wollte, rief er zu »Störe meine Kreise nicht!«, worauf dieser ihn voller Wut erschlagen haben soll.

# Der unstete Visionär – Leonardo da Vinci

**Berühmte Gemälde wie die »Mona Lisa« und das »Abendmahl« stammen aus seiner Hand: Leonardo da Vinci war aber nicht nur Maler, sondern auch Zeichner, Bildhauer, Ingenieur, Naturforscher, Musiker und Erfinder. Ausgehend von künstlerischen Problemen, studierte er die Gesetze der Natur und nutzte diese Erkenntnisse zu technischen Meisterleistungen. Dabei schreckte er auch vor kühnen Ideen nicht zurück. In seinen Skizzenbüchern entwarf das Universalgenie der Renaissance Fahrräder, U-Boote, Hubschrauber, Personenaufzüge und vieles mehr.**

**Im Dienst der Fürsten**

Leonardo wurde 1452 als uneheliches Kind einer Magd geboren. Doch sein Vater, der einflussreiche Florentiner Notar Ser Piero, ließ ihm die gleiche Bildung wie seinen anderen Söhnen zukommen. Mit 15 Jahren ging Leonardo in die Lehre beim großen Maler Andrea del Verrocchio, bei dem er auch die Goldschmiedekunst, die Bronzeverarbeitung oder das Kostümschneidern lernte. Das Malen brachte ihn dazu, sich mit Licht und Schatten, den Gesetzen der Perspektive und der Anatomie zu beschäftigen. Kein Maler vor ihm hat die menschliche Muskulatur in den verschiedensten Bewegungen so korrekt wiedergegeben wie er. Leonardo nahm damals am verbotenen Sezieren von Leichen teil, wodurch er seine anatomischen Kenntnisse erlangte. Außerdem beschäftigte er sich mit Mechanik, Bauwesen und Architektur.

1483 engagierte ihn der Mailänder Herzog Ludovico Sforza als Ingenieur und Militärtechniker an seinem Hof. Leonardo erhielt aber auch andere Aufträge, etwa ein luxuriöses Bad für des Herzogs Lieblingsmätresse einzurichten oder ein prunkvolles Fest zu organisieren. Trotzdem hörte er nicht auf zu malen. Als der Herzog 1499 gestürzt wurde, war Leonardo da Vinci ein bekannter Künstler. Der

### Für Besserwisser

**Nachname unbekannt**
**Der Italiener hieß mit Vornamen Leonardo. Sein Geburtsort war Vinci und so wurde er nach diesem kleinen toskanischen Dorf, 30 Kilometer westlich von Florenz, benannt.**

Mailänder Zeit entstammen berühmte Kunstwerke wie die Felsengrottenmadonna, die Heilige Anna Selbdritt, das Abendmahl oder die Mona Lisa.

Im Anschluss daran ließ er sich als Festungsbaumeister beim römischen Herzog Cesare Borgia anstellen, um große Ingenieurprojekte realisieren zu können. Er arbeitete Pläne aus, den Fluss Arno umzuleiten. Diese scheiterten jedoch, weil er sich mit dem Herzog überwarf. Danach begab er sich in den Dienst des französischen Königs Ludwig XII. und führte Wasserbau- und Bewässerungsprojekte in der Lombardei durch. 1516 siedelte er nach Frankreich über, wo er 1519 bei Amboise, einer Stadt in Mittelfrankreich, starb.

## Techniker und Utopist

Seine fürstlichen Auftraggeber schätzten Leonardo insbesondere als Ingenieur. Da er neben anderen Naturgesetzen auch das Fließverhalten des Wassers genau studierte, konnte er Wasserbauten wie Kanäle oder Brücken von bis dahin ungeahnter Größe verwirklichen. Auch wenn seine ambitionierten Pläne wie die Verbindung Mailands mit dem Comer See oder die Regulierung der Loire nicht verwirklicht wurden, sind seine Skizzen für diese Projekte präzise, realistisch und bis ins Kleinste durchgeplant. Leonardo da Vinci entwarf außerdem Hebekräne, schwimmende Bagger, Maschinen zum Transport von Materialien, Schleppwege, Schleusen sowie alle Arten von Pumpen und sogar Messgeräte.

**Leonardo da Vincis Malstil ist berühmt für seine äußerst naturgetreue Wirkung**

**Künstler, Naturforscher und Erfinder – Leonardo besaß außergewöhnlich vielseitige Begabungen**

Gefragt war er auch als Konstrukteur von neuartigen Waffen. Er setzte sich mit der Flugbahn der gerade erst in Mode kommenden Geschütze und Feuerwaffen auseinander und entwickelte schnellere Waffensysteme – obwohl er den Krieg eine »bestialische Tollheit« nannte.

Von unglaublicher Präzision sind auch die vielen Kleinteile, die er skizziert hatte: Rollen, Winden, Federn, Gelenke, Kupplungen, Hebel, Übersetzungen, Ketten, Kolben, Zahnräder, Ritzel, Lager und Ventile. Ob er aber das Kugellager, das erst 1920 wieder erfunden wurde, schon realisiert hatte, weiß man nicht.

### Viele Zeichnungen und Zettel

Es herrscht überhaupt eine große Unsicherheit unter den Wissenschaftlern, wie Leonardos über 10 000 erhaltene technische Skizzen einzuordnen sind. Vieles davon wurde wohl niemals verwirklicht, manches andere scheint er nicht selbst entworfen, sondern von Vorgängern übernommen zu haben. Bei einigen Entwürfen zeigt sich eine Tendenz, Lösungen, die in der Feinmechanik, so etwa bei Uhren, schon bekannt waren, für große Maschinen zu übernehmen. Er erfand Stanz- und Walzwerke, Maschinen zum Feilenschneiden, Fadendrehen, Tuchscheren, Hobeln, Bohren, Schleifen und Seilflechten, aber auch Mechanismen für Uhren und Automaten, darunter technisches Spielzeug zum Vergnügen seiner Dienstherren. So soll er auf einem Fest sogar einen Roboter auftreten haben lassen.

Während viele Maschinen des genialen Forschers im Nachbau durchaus funktionieren, sind die meisten seiner Flugapparate völlig visionär. Dazu zählt etwa ein Hubschrauber, dessen Schraube mit der Muskelkraft zweier Männer gedreht, oder ein Luftboot, das mit Rudern vorwärts bewegt wird. Obwohl Leonardo eine Skizze von einem Dampfkessel mit Zylinder und Kolben anfertigte, suchte er nie nach einem stärkeren Antrieb als dem der Muskelkraft – bis auf eine Ausnahme: Er skizzierte ein Auto, das sich durch eine Serie von kleinen Schießpulverexplosionen vorwärts bewegen sollte.

## Phantasievoll und intuitiv

Wahrscheinlich hat kein anderer Mensch ein so breit gefächertes, kreatives und utopisches Lebenswerk hinterlassen wie Leonardo da Vinci und trotzdem haftet ihm etwas Unvollendetes, Widersprüchliches und Unsystematisches an. Dennoch gehörte Leonardo zu den ersten Menschen, die systematisch natürliche Phänomene studierten und nach wissenschaftlich fundierten Lösungen für technische Probleme suchten. »Wer die Praxis ohne die Theorie liebt, ist wie ein Seemann, der auf ein Schiff steigt und nie weiß, wohin er gerät«, meinte er. Selbst hat er sich an diesen Rat jedoch selten gehalten. Viele seiner Skizzen sind unglaublich präzise, andere hingegen auf lose Zettel hingekritzelte intuitive Phantasiekonstrukte. Auch seine Bildung war lückenhaft, er beherrschte Latein nicht richtig.

Andererseits interessierte er sich für alles. Er stürzte sich auf neue Projekte und hatte dabei das Talent, den Kern der Dinge zu erkennen, egal ob es sich um Naturphänomene, technische Probleme oder Motive seiner Bilder handelte. Doch er war viel zu wissensdurstig, um jeden seiner Geistesblitze zur Vollendung zu bringen. Vielleicht stand ihm seine umfassende Begabung manchmal sogar im Weg.

**FÜR BESSERWISSER**

### Wecken à la Leonardo

**In seinen letzten Lebensjahren bastelte sich Leonardo einen ganz besonderen Wecker: Wenn das untere Glas einer Wasseruhr voll gelaufen war, wurde ein Hebel ausgelöst. Dieser setzte ein Räderwerk in Bewegung, das die Füße des Erfinders in die Höhe kurbelte.**

# Der hochbegabte Pragmatiker – James Watt

**Die Entwicklung der Dampfmaschine war ein langwieriger Prozess, dessen Anfänge bis in die Antike zurückreichen. Von James Watt stammen »nur« die entscheidenden Verbesserungen: Er löste in einem lebenslangen Bemühen die Probleme, die einen effektiven Einsatz dieser Maschine bis dahin unmöglich gemacht hatten.**

## Schottischer Alleskönner

Watt wurde 1736 im schottischen Greenock geboren. Seine Eltern waren zwar arm, aber sehr gebildet. Sein Vater, ein gelernter Zimmermann, konstruierte nautische Geräte und brachte seinem kränklichen Sohn, der an chronischen Kopfschmerzen litt, frühzeitig Rechnen, technisches Zeichnen und Konstruieren bei. Der junge James las alles, was er in die Finger bekam, dachte sich selbst Märchen aus, sammelte Pflanzen und Steine und experimentierte: So soll er nie einen Gegenstand aus der Hand gelegt haben, bevor er nicht genau wusste, wie er funktionierte.

Da er ein Studium nicht finanzieren konnte, begann er in London eine Mechanikerlehre. Die Handwerkerinnung schrieb sieben Lehrjahre vor, doch schon bald bot ihm der Lehrstoff nichts Neues mehr.

### ➤ Treffen im Keller

Watts kleines Labor wurde zum Treffpunkt für Dozenten und Studenten. Hier fanden die spannendsten Diskussionen der ganzen Universität statt. Unter Watts Händen schien alles zur Wissenschaft zu werden, dennoch blieb er stets außerordentlich bescheiden und liebenswürdig. »Ich suchte einen Handwerker und erwartete nicht mehr, war aber erstaunt, einen Forscher zu finden, jung wie ich selbst und doch immer imstande, mich zu belehren«, erzählte der spätere Professor John Robinson.

Watt hatte Glück, er erhielt eine Stelle als Mechaniker an der Universität Glasgow. In seiner Kellerwerkstatt fertigte und reparierte er jedes Instrument, das man ihm brachte. Gründlich wie er war, las er zu jeder neuen Aufgabe alles, was er dazu in der Universitätsbibliothek finden konnte.

## Der entscheidende Auftrag

Anfang des 18. Jahrhunderts kamen in den britischen Bergwerken die Dampfmaschinen von Thomas Newcomen, einem englischen Schmiedemeister, zum Einsatz. 1764 erhielt Watt den Auftrag, eine solche Maschine zu reparieren. Dabei erkannte er bald, dass der Energieverlust der Dampfmaschine viel zu hoch war. Watt las sich daraufhin alles über dieses Thema an. Er lernte sogar Deutsch, um die Literatur zur Wärmetheorie studieren zu können. Zu jener Zeit gab es allerdings noch wenige Erkenntnisse darüber. Watt begann zu experimentieren. Während eines Spaziergangs kam ihm die entscheidende Erkenntnis: Damit Energie gespart wurde, durfte der Zylinder der Maschine, der einen Unterdruck erzeugte, nicht jedes Mal wieder abgekühlt werden. Der Dampf musste mittels Unterdruck in einen separaten Raum abgezogen und dort gekühlt werden. Mit dieser Idee war der Kondensator geboren.

**Die Anwendungsmöglichkeiten der Dampfmaschine wurden durch die Verbesserungen von James Watt vielfältiger**

Weil er die Dampfmaschine zur Patentreife entwickeln wollte, konnte er nicht mehr in seiner viel besuchten Universitätswerkstatt bleiben. Er kündigte seine Stellung und suchte sich ein abgelegenes Labor. Neben seinen Studien arbeitete er als Feldvermesser und reparierte Musikinstrumente. 1760 heiratete er seine Jugendliebe Margaret Miller. Watt war auch als Erwachsener häufig krank, er hatte Schulden und wurde zudem immer wieder durch technische Schwierigkeiten bei der Umsetzung seiner

Pläne zurückgeworfen. Erst 1769, als er durch die Vermittlung eines befreundeten Professors einen Finanzier, den britischen Fabrikanten John Roebuck, fand, konnte er sein Patent für eine wirtschaftlich arbeitende Dampfmaschine anmelden.

### Vom Modell zur Praxis

Bei dem Bau der ersten großen einsatzfähigen Dampfmaschine traten erneut technische Schwierigkeiten auf. Sein Geldgeber Roebuck machte bald bankrott, Watt fühlte sich mitschuldig. Um überleben zu können, musste er Auftragsarbeiten annehmen. Während er als Bauleiter am Kaledonischen Kanal arbeitete, der heute die Ost- und Westküste Schottlands verbindet, starb seine Frau. Nach einer tiefen Krise entschloss er sich, an der Dampfmaschine weiterzuarbeiten. Obwohl er geschäftliche Angelegenheiten verabscheute, wandte er sich über einen Freund an den reichen Industriebaron Matthew Boulton in Soho bei Birmingham, der ihm die nötigen Hilfsmittel sowie qualifizierte Mitarbeiter gab, um seinen Plan zu verwirklichen.

1776 wurde im Betrieb von John Wilkinson die erste Dampfmaschine installiert. Um den Absatz anzukurbeln, vermieteten Boulton und Watt die Maschinen für den Preis von einem Drittel der gegenüber den Newcomen'schen Maschinen eingesparten Kohlen. Dennoch war die Zahlungsmoral schlecht und Boulton musste hohe Kredite aufnehmen. Wegen ihrer Monopolstellung sahen sich die beiden Männer außerdem vielen Anfeindungen ausgesetzt. So zermürbte der ermüdende Alltag James Watt. 1780 musste Boulton seinen Erfinder anspornen, ein System zu finden, die

### ➤ Der Knackpunkt

**Eines von Watts größten technischen Problemen war es, einen dampfdichten Zylinder herzustellen. Durch Boultons finanzielle Unterstützung konnte er für diese Aufgabe John Wilkinson, den damals besten englischen Mechaniker, engagieren. Dieser musste erst eine neue Bohrmaschine konstruieren, um die geforderte Qualität des Zylinders umsetzen zu können.**

Hubbewegung der Maschine in eine rotierende Bewegung umzusetzen, damit auch Spinnmaschinen, Mühlen und Walzwerke mit Dampf angetrieben werden konnten. Als Watt dafür eine Lösung mittels Kurbel fand, wurde sie ausspioniert und der Birminghamer Knopfmacher James Pickard bekam das Patent. Watt fing noch einmal an und entwickelte ein so genanntes Planetengetriebe mit zwei ineinander greifenden Zahnrädern für die Rotationsbewegung.

1782 erfand er die doppelt wirkende Dampfmaschine, bei der der Kolben beidseitig von Dampf bewegt wird. Danach baute er eine Expansionsmaschine, in der der Zylinderraum nur mit wenig Dampf gefüllt wird, der sich ausbreitet. Hinzu kamen ein Regler für die Dampfzufuhr und andere Entwicklungen, die für einen gleichmäßigeren Betrieb der Maschinen sorgten. Obwohl große Nachfrage nach den neuen Maschinen bestand, erzielte Boulton erst ab 1785 Gewinn damit.

## Lebenstraum erfüllt

Im Gegensatz zu anderen Erfindern konnte James Watt von seinem Lebenswerk loslassen und verließ 1800 das Unternehmen. Der 64-Jährige überließ seinen Anteil der Firma seinen Söhnen James und Gregory. Watt zog sich in den englischen Ort Heathfield zurück. Dort arbeitete er an weiteren Erfindungen wie einer Fräsmaschine, mit der er Nachbildungen von berühmten Skulpturen herstellen konnte. Viele, die ihn besuchten, schwärmten davon, dass man sich über alles mit ihm unterhalten konnte, selbst über wenig bekannte deutsche Philosophen. Schottlands Nationaldichter Walter Scott meinte einst, Watts Talent zum Geschichtenerzählen hätte ihm ernsthafte Konkurrenz bereitet, wäre er Dichter statt Ingenieur geworden. 1819 starb James Watt in Heathfield.

### FÜR BESSERWISSER

**Nicht nur die Dampfmaschine**

**Der Physiker Humphrey Davy sagte einmal: »Man bestellt bei Watt Erfindungen wie beim Schneider einen Rock.« Außer der Dampfmaschine und ihren zahlreichen Verbesserungen erfand Watt auch eine Kopierpresse für Briefe, einen Perspektrographen zum Übertragen und Vergrößern von perspektivischen Zeichnungen und eine Wäschemangel mit heißen Dampfzylindern.**

## Früheste Erfindungen

Die wichtigste Erfindung der Menschheit ist zugleich die allererste: der Faustkeil. Die ältesten gefundenen Exemplare sind ungefähr 2,5 Millionen Jahre alt und stammen aus Ostafrika. Vermutlich hatten die Menschen bereits davor Äste oder Steine als Werkzeuge benutzt – so wie es auch Schimpansen tun. Auf die Idee, sich selbst geeignete Werkzeuge herzustellen, kommen aber nicht einmal die intelligentesten Tiere. Steinerne Faustkeile dienten unseren Vorfahren als Hämmer, Messer, Hacken, Schabewerkzeuge und Waffen. Mit ihrer Hilfe ließen sich aus Holz, Knochen und weicherem Gestein weitere Werkzeuge herstellen. So wurde aus einem Faustkeil, der mit einem Holzstil verbunden war, ein primitiver Hammer, eine Axt oder auch eine Hacke. An der Spitze eines Speers oder Pfeils veränderte der Faustkeil vor ungefähr 30 000 Jahren die Jagd grundlegend. Schnelle und gefährliche Tiere konnten von nun an aus sicherer Entfernung erlegt werden. Etwa ab 7 000 v. Chr. wurde ein Harz-Bienenwachs-Gemisch als erster Klebstoff bei der Montierung von Pfeilspitzen genutzt.

Die zweite bahnbrechende Erfindung der Frühgeschichte war ganz anderer Art. Es war die Beherrschung des Feuers. Die Entwicklung reichte von der Nutzung natürlich entstandener Feuer vor knapp 1,5 Millionen Jahren über die Erfindung von Techniken, dieses Feuer zu bewahren, bis hin zu der Fähigkeit, selbst Feuer zu entfachen. Dabei wurden verschiedene Methoden entwickelt, beispielsweise die Erzeugung von Reibungswärme in einem leicht brennbaren Material oder der Funkenschlag mittels Feuerstein. Etwa vor 75 000 Jahren wurden erste einfache Fackeln aus Holzscheiten gebastelt, vor ungefähr 60 000 Jahren Feuerstellen gebaut, vor 50 000 Jahren der Feuerbohrer erfunden, der das Anfachen des Feuers wesentlich erleichterte, und vor 20 000 Jahren Lampen hergestellt, indem man Mulden in den Stein kratzte und diese mit Öl und schwimmenden Dochten füllte.

Andere wichtige Erfindungen der Frühgeschichte sind die Harpune, das Floß und der Einbaum vor etwa 40 000 Jahren sowie Nähnadeln, Riemen, Seile, Angelhaken und Netze vor ungefähr 35 000 Jahren.

Mindestens 30 000 Jahre ist es her, dass die ersten Menschen auf die Idee kamen, mit Hilfe von Hitze aus gut formbare, aber klebrigem Ton recht harte, dauerhafte Dinge zu schaffen. Lange Zeit wurde dieser neue Werkstoff aber nur für die Herstellung kleiner Skulpturen und ähnlich künstlerischer Gegenstände eingesetzt. Erst vor etwa 15 000 Jahren erfanden die Jomon in Japan Tongefäße, die sie mit Kordeln verzierten. Ungefähr 5 000 Jahre später entdeckten auch die Menschen des Nahen Ostens, dass sich Gefäße durch das Formen von Ton viel leichter und schneller herstellen ließen als durch das mühsame Aushöhlen weicher Steine.

Ein weiterer Meilenstein in der Entwicklung der Menschheitsgeschichte waren die Landwirtschaft und die Viehzucht. Die Klimaverschiebungen nach der letzten Eiszeit machten vor etwa 12 000 Jahren mancherorts das fruchtbare Land knapp. Das Sammeln von essbaren Pflanzen und die Jagd wurden immer beschwerlicher. Im Nahen Osten kamen die Menschen dann erstmals auf die Idee, die Samen der gewünschten Pflanzen planmäßig auszusäen und Tiere als lebenden Fleischvorrat in Gehegen zu halten. Mit der Sesshaftigkeit wurden auch die ersten gewebten Stühle erfunden, die allerdings noch wenig mit einem heutigen Stuhl gemein hatten. Die Längs- oder Kettfäden wurden an ein Holzgestell gebunden und unten mit Gewichten beschwert.

Eine rein intellektuelle Erfindung sind die Zahlen. Vor etwa 30 000 Jahren begannen die steinzeitlichen Jäger Kerben ins Holz zu schlagen. Vermutlich standen sie für die Jagdbeute, deren Umfang man kontrollieren, für spätere Zeiten festhalten und vergleichbar machen wollte. Etwa 20 000 Jahre alte Funde im heutigen Tschechien weisen zum ersten Mal eine Gliederung in Fünfergruppen auf.

# Der Chemie-Pionier – Justus von Liebig

**Justus von Liebig half dabei, aus der Chemie eine Wissenschaft zu machen und begründete die organische Chemie. Erst durch die von ihm geschaffenen theoretischen Grundlagen waren die zahlreichen Entwicklungen auf diesem Gebiet möglich. Die ersten davon tätigte Liebig selbst.**

### Vom Schafskopf zum Vorzeige-Professor

Justus Liebig wurde 1803 in Darmstadt als Sohn eines Drogisten geboren und beschäftigte sich schon als Kind mit chemischen Experimenten. Als Schüler war er eher mittelmäßig und seine Lehrer hielten wenig von ihm. Einer von ihnen soll gesagt haben: »Du bist ein Schafskopf! Bei dir reicht es nicht mal zum Apothekenlehrling.« Tatsächlich begann Liebig eine Apothekerlehre, brach sie aber vorzeitig ab und half lieber seinem Vater in der Werkstatt, zum Beispiel beim Herstellen von Farben. Nebenbei betrieb er in der großherzoglichen Bibliothek ein Selbststudium.

**Der Apothekersohn Justus von Liebig erbrachte bahnbrechende Leistungen auf dem Gebiet der Chemie**

Mit 16 Jahren erhielt er auf Vermittlung seines Vaters einen Studienplatz in Bonn. Zwei Jahre später folgte er seinem Professor, Karl Wilhelm Gottlob Kastner, nach Erlangen, wenngleich ihm die Art des Studiums missfiel. 1822 beteiligte er sich an einer Studentendemonstration und wurde von der Polizei gesucht. Die Begnadigung verdankte er seinem Professor. Durch Kastners Befürworten erhielt Liebig sogar ein Stipendium an der berühmten Universität Sorbonne in Paris. Liebig sagte später, er habe erst in diesem damaligen Zentrum der Chemie begriffen, was diese Wissenschaft wirklich leisten könne. In Paris erhielt er auch die Anregung, sich auf die Erforschung der organischen Chemie, einem bis dahin kaum bearbeiteten Zweig der Chemie, zu konzentrieren.

### Armer reicher Forscher

Mit einer Arbeit über Knallquecksilber machte er den deutschen Gelehrten Alexander von Humboldt auf sich aufmerksam, auf dessen Empfehlung er mit 21 Jahren eine Stelle als Professor für Chemie und Pharmazie in Gießen erhielt. Liebig wurde zwar schlecht bezahlt und musste obendrein sein Forschungsmaterial aus eigener Tasche finanzieren, fand aber mit seinen Vorlesungen über Experimente schnell großen Anklang bei den Studenten. Er begann sein kleines Laboratorium zur Forschungsstätte auszubauen. Seine Laborgeräte aus Glas erfand er teilweise selbst oder entwickelte sie weiter. Um dies bewerkstelligen zu können, lernte er sogar das Glasblasen.

**FÜR BESSERWISSER**

**Ein »von« als Belohnung**

**Der Chemiker Justus von Liebig erhielt für seine Verdienste 1845 den Adelstitel »Freiherr«. Ähnlich wurden in Deutschland andere Wissenschaftler und Erfinder von ihren Landesherren ausgezeichnet, etwa Joseph von Fraunhofer und Werner von Siemens.**

Mit der Zeit wurde er zur europaweit anerkannten Kapazität für Chemie und lockte viele ausländische Studenten nach Gießen. Er folgte den Berufungen an die Universitäten in Sankt Petersburg, Wien und London, nutzte diese aber nur, um bessere finanzielle Bedingungen für Gießen auszuhandeln. Erst 1851 folgte er einem verlockenden Angebot nach München, wo man an der Universität ein neues Chemisches Institut baute und ihm weitgehende Freiheit in Lehre und Forschung zusicherte. In München verstarb er 1873.

### Die grundlegende Erfindung

1831 entwickelte Liebig den Fünf-Kugel-Apparat, mit dem sich die Zusammensetzung von organischen Materialien einfacher und besser analysieren ließ als mit früheren

Instrumenten. Dieser wie eine Triangel gebogene Glaskolben, der an fünf Stellen zu unterschiedlich großen Kugelformen ausgeblasen worden war, ermöglichte ihm seine vielen späteren Entdeckungen.

### Kunstdünger und Babynahrung

Als Zehnjähriger hatte Liebig eine Hungersnot miterlebt. Aus diesem Grund galt sein besonderes Interesse der Agrarchemie. Er schrieb zwei Werke über die organische Chemie bei Pflanzen und Tieren, die 1840 zu Bestsellern und in über 30 Sprachen übersetzt wurden. Denn Liebig stellte darin fest, dass das als Dünger übliche Knochenmehl mit Hilfe von Schwefelsäure in einen leicht löslichen Phosphatdünger umgewandelt werden kann. Er beließ es jedoch nicht bei der Forschung, sondern wurde Mitbegründer der Bayerischen Aktiengesellschaft für chemische und landwirtschaftlich-chemische Fabrikate (BAG). Die heute umstrittene Kunstdüngung trug damals zu einer besseren Versorgung der Bevölkerung mit Ackerbauprodukten bei.

Liebigs vermutlich populärstes Produkt war der Fleischextrakt. Die Idee zu diesem Extrakt geht auf Denis Papin, den Erfinder des Dampfkochtopfs, zurück. Von ihm übernahm sie der deutsche Philosoph Gottfried Wilhelm Leibniz. In einer Denkschrift von 1714 empfahl er für die Truppenverpflegung auf langen Märschen einen pulverförmigen Extrakt aus eingedickter Fleischbrühe. Auch Liebig war nach chemischen Versuchen mit Muskelfleisch vom hohen Nährwert des Fleischextraktes überzeugt. Als 1852 die Tochter eines Freundes an Cholera erkrankte, entwickelte er ein »Fleischinfusum«, um sie aufzupäppeln. Ihm schwebte ein Nährmittel für die ärmere Bevölkerung vor. 1862 überließ er dem Ingenieur Georg Christian Giebert die Lizenz zur kostensparenden Großproduktion in Uruguay. In der Folge wurde der Fleischextrakt zum weltweit verkauften Würzmittel.

**FÜR BESSERWISSER**

**Preiswerter Ersatz**

**Als preiswerten Ersatz zum Fleischextrakt entwickelte Julius Maggi 1886 die Flüssigwürze Maggi, die im Wesentlichen aus Sojaschrot und Weizenkleber hergestellt wird. Auf die Idee dazu war er bei einer Japanreise gekommen, als er Sojasauce probierte.**

# Der Großunternehmer – Thomas Alva Edison

**Edison gilt als der produktivste Erfinder aller Zeiten, denn er erhielt allein in seinem Heimatland Amerika 1 093 persönliche Patente – so viel wie sonst niemand. Zwar verbesserte er in einigen Fällen nur die Ideen anderer, dennoch gelang es ihm, diese Neuerungen auch durchzusetzen.**

## Vom Zeitungsjungen zum Millionär

Edison wurde 1847 in Milan geboren, einer emsigen Grenzstadt in Ohio, wo die technischen Innovationen des 19. Jahrhunderts für besonders starke Veränderungen sorgten. Der junge Edison galt als schwieriges, verschlossenes und nicht besonders intelligentes Kind. Mit zehn Jahren begann er im eigenen kleinen Labor zu experimentieren, als Zwölfjähriger nahm er einen Job als Zeitungsjunge an, um sich das Material für seine Experimente leisten zu können. Im Morgenzug nach Detroit pries er seine Zeitungen an, verbrachte dort den Tag in der öffentlichen Bibliothek und betrieb im Abendzug wieder Handel. Als er 15 war, brachte ihm ein Bahnhofsvorsteher das Telegraphieren bei und ein Jahr später wurde er wandernder Telegraphist. Nebenbei machte er einige Erfindungen; dazu zählen zum Beispiel eine elektrische Rattenfalle oder ein Fernschreiber, der in beide Richtungen der Leitung gleichzeitig übertragen konnte.

## Der Börsenticker

1869 konnte Edison mit Hilfe einiger Geldgeber einen verbesserten Börsenticker patentieren lassen. Dieses Gerät reagierte auf jede Änderung an der Börse und tickte bei neu eintreffenden Daten. Makler konnten so ganz leicht die Kursänderungen verfolgen. Schon nach wenigen Monaten besaß er seine eigene Firma. Einige Jahre später konstruierte er einen weiteren »Universal-Börsenticker«, der allein 38 patentierbare Verbesserungen enthielt. Danach verkam das Telegraphiewesen zum Spielball zweier konkurrierender Unternehmen, weshalb Edison sich daraus zurückzog und 1876 in dem Ort Menlo Park bei New York das erste industrielle Forschungslabor für »Erfindungen aller Art« einrichtete.

### Der Phonograph

Edisons Lieblingserfindung war der Phonograph. Mit diesem ließen sich erstmals in der Geschichte der Menschheit Geräusche aufzeichnen: Mit Hilfe eines Trichters wurde der Schall auf eine Membran gelenkt, deren Bewegungen einen Stift steuerten. Dieser ritzte je nach Schwingung unterschiedlich tiefe Tonrillen in eine mit Stanniol bezogene Walze. Beim Abspielen lenkten die Tonrillen den Stift gegen die Membran und versetzten diese wieder in Schwingung. »In meinem ganzen Leben hat mich kein ähnlicher Schauder wieder gepackt«, schrieb Edison über den 18. Juli 1877, als er die erste Aufzeichnung hörte. »Ich war ehrlich bewegt.«

Die Bauteile der ersten Phonographen nutzen sich allerdings schnell ab. Edison entwickelte langlebigere Walzen, Nadeln und Membranen. Er erfand sogar sprechende Puppen mit einem winzigen Phonographen im Bauch. Das Geschäft lief glänzend – bis um 1900 die Schallplatte auf den Markt kam.

### Die Glühlampe

Im Jahr 1878 gingen Edison und sein Forschungsteam das Projekt

> **Die Zauberschmiede**
>
> **Edisons oberstes Ziel war, »praktische Dinge zu erfinden, die jeder Mann, jede Frau und jedes Kind der Welt sich wünschen und zu einem annehmbaren Preis kaufen würden«. Dafür ließ er die Mitarbeiter seines Forschungsteams schon einmal 60 Wochenstunden arbeiten. Besucher jedoch waren immer wieder überrascht, welch gute Stimmung in Edisons Arbeitsteam herrschte. Fragen nach der Organisation beantwortete der so genannte »Zauberer vom Menlo Park« häufig mit Sprüchen wie »Ich bin die Organisation« oder »Zum Teufel, hier gibt's keine Vorschriften. Wir wollen einfach was fertig bringen.«**

**Der Phonograph war lange Zeit sehr populär und wurde erst durch die Erfindung der Schallplatte vom Markt verdrängt**

»Glühlampe« an. Es war bereits bekannt, dass Materialien in einem luftleeren Glaskolben nicht verbrennen, sondern glühen. Es galt nun, einen geeigneten Glühfaden für den Dauerbetrieb zu finden. Nach 13 Monaten intensiver Arbeit, in denen Edison abends oft ermüdet von seinen Versuchen mit den Lampen heimging, erreichte er mit langsam verkohlenden Baumwollfäden eine Glühdauer von 13 Stunden. Allerdings war das zu kurz. Das Team forschte mit anderen Materialien weiter. Zum Einsatz kamen selbst Streifen von Spielkarten oder Barthaare. Edison schickte drei Mitarbeiter nach Südostasien und Südamerika, um die »perfekte Pflanzenfaser« zu finden. Parallel dazu entwickelte er mit seinen gut eingespielten Helfern alle Komponenten eines modernen Beleuchtungssystems: leistungsfähige Generatoren, eine praktische Schraubfassung für die Birnen, Haushaltsanschlüsse, Schalter und Kabel. An Weihnachten 1879 ließ er die Stadt Menlo Park mit zahlreichen Glühlampen schmücken. Sonderzüge brachten damals mehr als 3 000 Neugierige,

### FÜR BESSERWISSER

**Emil Berliner und die Schallplatte**

**Emil Berliner, ein deutscher USA-Immigrant, war Buchhalter und Hobbyforscher. 1887 meldete er sein Grammophon zum Patent an, das im Gegensatz zum Phonographen ein reiner Abspielautomat war. Sein Vorteil lag jedoch darin, dass die wachsüberzogenen Zinkscheiben leicht kopiert werden konnten. Berliner produzierte erste Platten unter anderem mit dem berühmten italienischen Sänger Enrico Caruso.**

die das Spektakel bestaunten. Ein Jahr später wurde das beständige Forschen von Erfolg gekrönt: Ein Glühfaden aus japanischer Bambusfaser lieferte 1 200 Stunden lang Licht – die Kohlenfadenglühlampe war geboren.

### Ein leuchtender Häuserblock

Edison riskierte daraufhin sein ganzes Vermögen: Er kaufte einen Häuserblock in New York und versorgte ihn mit Elektrizität. 1881 brachte ihm die Internationale Elektroausstellung in Paris den Durchbruch. Das Interesse an seinen Glühlampen war in Europa riesig. Der Unternehmer Emil Rathenau kaufte Edisons Rechte und gründete die Deutsche Edison Gesellschaft, die später in Allgemeine Elektricitäts-Gesellschaft (AEG) umbenannt wurde. Im Folgejahr richtete Edison in der New Yorker Pearl Street das erste Zentralkraftwerk der Welt ein.

Ab 1883 verstand sich Edison als Unternehmer für elektrische Beleuchtungsanlagen und meinte, er werde »als Erfinder eine große

### ➤ Parfümflasche mit Vakuum

Die erste Glühlampe bastelte 1854 der nach Amerika ausgewanderte deutsche Uhrmacher Heinrich Goebel aus einer luftleer gepumpten Parfumflasche und verkohlten Bambusfasern. Er beleuchtete damit das Schaufenster seiner Werkstatt, doch die gewünschte Nachfrage nach dem Produkt blieb aus. Ein Grund dafür war wohl auch, dass Goebels Apparatur ziemlich kompliziert war und ihm nur eine schwache Zink-Kohle-Batterie zur Verfügung stand.

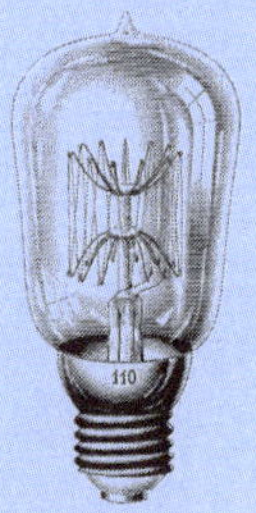


Unabhängig davon konstruierte der Engländer Joseph Wilson Swan von 1860 bis 1878 eine ähnlich funktionierende Lampe. Beide traten vor Gericht gegen Edison an. Swan erreichte 1883, dass er Edisons Teilhaber wurde. Erst viele Jahre später bekam Heinrich Goebel unmittelbar vor seinem Tod im Jahr 1893 Recht. Edison kaufte seiner verarmten Witwe das Patent später wieder ab.

Pause einlegen«. In Wirklichkeit reichte er jedoch in diesem Jahr 141 Patente ein, und zwar hauptsächlich Verbesserungen für sein Beleuchtungssystem.

## Umstrittenes Genie

1887 zog Edison mit seinem Team nach West Orange in New Jersey in ein zehnmal größeres Laboratorium um. Er beschäftigte sich zunehmend mit Kommunikationsmedien und mit der Massenunterhaltung. Im Jahr 1893 richtete er sogar ein Filmstudio ein und machte mit einem Film von einem spektakulären Boxkampf Furore. Sein Kinematograph bestand lediglich aus einem »Guckkasten«, das Publikum bekam das Geschehen in sechs »Ein-Minuten-Häppchen« serviert.

Später setzte er sich mit der Rohstoffgewinnung auseinander – allerdings mit wenig Erfolg. Er starb 1931 in West Orange.

Schon zu Lebzeiten war Edison wegen seiner aggressiven Vermarktungsmethoden umstritten. Fast immer gelang es ihm, neue Erfindungen binnen kurzem zu einem Massenartikel zu machen. Sein Firmenimperium machte ihn zu einem der reichsten Männer seiner Zeit.

**FÜR BESSERWISSER**

**Jawort über den Ticker**

**Es gibt schon originelle Ideen einer Frau die wahrscheinlich wichtigste Frage ihres Lebens zu stellen: Thomas Alva Edison hatte seiner zweiten Frau das Morsen beigebracht und machte ihr den Heiratsantrag per Telegraph. Er meinte, so hätte er sich mit ihr »weitaus besser als mit gesprochenen Worten« verstanden.**

Er verdiente Millionen, aber investierte sie gleich wieder in die nächste Entwicklung. Mehrmals stand er kurz vor dem Bankrott und drängte dennoch andere Konkurrenten rücksichtslos vom Markt.

## Gestohlene Genialität?

Auch die gewaltige Zahl von Urheberrechtsprozessen, die gegen ihn geführt wurden, konnte ihn nicht stoppen. Er gab sogar offen zu, viele Ideen gestohlen zu haben: »Jeder stiehlt im Geschäftsleben und in der Industrie.« Auch persönlich galt er als ein sehr schwieriger, wenn auch erfolgreicher Zeitgenosse. Im Alter verließ ihn jedoch sein Gespür für den Markt, so ignorierte er neue Entwicklungen wie das Radio.

# Der Vorausschauende – Werner von Siemens

**Was für die Vereinigten Staaten von Amerika Thomas Alva Edison war, war für Deutschland Werner von Siemens: Ein großer Erfinder, der das Pozential der Elektrizität erkannte und als Unternehmer dafür sorgte, dass seine Erfindungen wirtschaftlich erfolgreich waren. Dabei hätte er sich eigentlich lieber ganz der Forschung gewidmet.**

## Leutnant und Unternehmer

Werner Siemens wurde 1816 als Sohn eines nicht gerade wohlhabenden Gutpächters in Lenthe bei Hannover geboren. Er ging nur wenige Jahre in die Schule und verließ sie ohne Abschluss. Da er ein Studium nicht finanzieren konnte, trat er 1834 in die preußische Armee ein. Ein Jahr später durfte er die Berliner Artillerie- und Ingenieursschule besuchen, wo er Mathematik, Physik, Chemie und Ballistik, die Lehre von geschleuderten oder geschossenen Körpern, studierte.

Kurz nach dem Ende seiner Ausbildung starben Siemens' Eltern und als ältester Sohn war er für neun jüngere Geschwister verantwortlich. Daher versuchte er, mit schnell verwertbaren Erfindungen Geld zu verdienen. So entwickelte

**Werner von Siemens war nicht nur ein großer Erfinder, sondern auch ein erfolgreicher Unternehmer**

er einen neuen Regler für Dampfmaschinen, eine Presse zur Herstellung von Kunststein, ein Druckverfahren und eine Technik, mit Hilfe von Strom Teelöffel zu vergolden.

### Für Besserwisser

**Labor in der Zelle**

**1842 wurde der junge Siemens als Sekundant bei einem verbotenen Duell erwischt und zu Festungshaft verurteilt. Dort durfte er sich aber in seiner Zelle ein kleines Labor einrichten. Nach seiner unerwartet schnellen Begnadigung bat er sogar, noch etwas bleiben zu dürfen, bis er seine Experimente beendet habe – jedoch vergeblich.**

Dieses Patent verkaufte er an einen Juwelier und schickte seinen Bruder Wilhelm mit 18 Jahren zum Studium nach England – allerdings nicht ohne ihm aufgetragen zu haben, sich auch dort um eine Vermarktung dieser Technik zu bemühen. 1847 entwickelte Werner Siemens ein Verfahren, Drähte nahtlos mit Guttapercha-Gummi zu umhüllen und stellte damit erstmals isolierte Kabel her. Gewonnen wurde dieses kautschukähnliche Harz aus dem Milchsaft des Palaquiumbaumes, der in Malaysia heimisch ist.

Entscheidend für seinen weiteren Lebensweg wurde die Beschäftigung mit der Telegraphie. So entwickelte Siemens 1846 einen Zeigertelegraphen mit Selbstunterbrechung. Ein Jahr später gründete er zusammen mit dem Mechaniker Johann Georg Halske in Berlin ein kleines Unternehmen zum Telegraphenbau. Das Geld dafür steuerte ein wohlhabender Cousin bei: Johann Georg Siemens, der spätere Mitbegründer der Deutschen Bank. Siemens hätte lieber weiter geforscht, aber ihm war klar, dass er erst einmal die Mittel dazu erwirtschaften musste. 1849 verließ er dann die Armee, um sich ganz seiner Firma widmen zu können.

### Ein glücklicher Zufall

Durch die politischen Verhältnisse erhielt das Unternehmen Siemens & Halske bereits 1848 einen sensationellen Auftrag. Es sollte eine bis dato einmalig lange Telegraphenverbindung von Berlin nach Frankfurt gebaut werden, wo die deutsche Nationalversammlung, das erste frei gewählte Parlament Deutschlands, tagte. Als 1849 die Versammlung zu einem Ergebnis gekommen war, stand die neue Technik und der preußische König Friedrich Wilhelm IV. erfuhr schon eine Stunde nach dem Beschluss, dass er die Kaiserkrone erhalten soll. Der König wollte sie nicht und dank Siemens' Erfindung gewann er eine Woche Zeit, um sich eine deutliche Absage zu überlegen, bevor die Deputation aus Frankfurt bei ihm in Berlin eintraf: Die »Krone aus Dreck und Letten« sei für ihn unannehmbar »mit ihrem Ludergeruch nach Revolution«.

### Lange Leitungen

Für das Unternehmen war das der Auftakt zum Bau weiterer Leitungen. Siemens setzte bewusst auf das Auslandsgeschäft und sah es als unverzichtbar an, vor Ort präsent zu sein. Sein Bruder Wilhelm wurde Leiter der Londoner Zweigstelle und der jüngere Carl überwachte 1853 in Sankt Petersburg den Bau der Telegraphenverbindung von Warschau nach Moskau. 1870 stellten die Brüder die 11 000 Kilometer lange Telegraphenlinie von London über Teheran nach Kalkutta fertig. 1875 verlegten sie mit dem selbst konstruierten Spezialschiff »Michael Faraday« das erste direkte Transatlantikkabel.

Doch es gab auch Rückschläge: So kam es 1851 zum Bruch mit der Verwaltung der preußischen Staatstelegraphen, die auf Kabel ohne Metallverstärkung, welche schneller kaputt gingen, bestanden. 1863 musste Siemens die englische Niederlassung mit seinem persönlichen Vermögen retten. Ein Jahr später scheiterte die

### ➤ Der Dynamo

**1831 stellte der englische Physiker und Chemiker Michael Faraday fest, dass in einer elektrisch leitenden Spule Strom entsteht, wenn sich das darin befindliche oder das umgebende Magnetfeld verändert. Damit schuf er die Grundlagen für die Theorie des elektromagnetischen Feldes. Diese ermöglichte es ihm, den ersten Stromerzeuger zu konstruieren: eine »Dynamomaschine«. Werner Siemens entdeckte weiterhin, dass diese Umwandlung auch mit den viel stärkeren Elektromagneten ohne zusätzliche Stromquelle funktionierte. Denn auch ein abgeschalteter Elektromagnet besitzt noch genügend Restmagnetismus, um bei Bewegungen in seinem Magnetfeld einen schwachen Strom zu erzeugen, der sich dann in Wechselwirkung mit dem Magnetfeld schnell aufschaukelt. Da Siemens nicht mehr auf Dauermagneten angewiesen war, konnte er nun Generatoren bauen, mit denen sich ganze Kraftwerke betreiben ließen.**

Verlegung eines Seekabels und Siemens' Partner Halske schied aus dem Unternehmen aus, da es ihm zu risikoreich wurde.

## Die Elektrifizierung in Deutschland

Telegraphenanlagen konnten mit elektrischen Batterien betrieben werden. Eine Elektrifizierung des täglichen Lebens war damit jedoch nicht möglich. 1866 legte Siemens mit der Erfindung des Dynamos den Grundstein für die Starkstromtechnik, die in großem Maßstab elektrische Energie erzeugte.

1877 begann die Firma mit der Produktion von Telefonen. 1879 präsentierte das Unternehmen die erste Elektrolokomotive. Im gleichen Jahr wurde in Berlin mit der Installation elektrischer Straßenbeleuchtung begonnen. Ein Jahr später stellte das Unternehmen den ersten elektrischen Personenaufzug vor, wieder ein Jahr später fuhr im Berliner Vorort Lichterfelde die erste elektrische Straßenbahn.

## Besonnener Unternehmer

Er habe bereits als junger Mann die Vision gehabt, ein Weltgeschäft wie die Fugger zu errichten, sagte Siemens einmal, und zwar weniger ein Geldwertobjekt als ein eigenes Reich, das ihm und seinen Nachkommen Einfluss und Ansehen garantierte und den Geschwistern ein besseres Leben. Auch nachdem er ein Firmenimperium aufgebaut hatte, versuchte er alles selbst zu kontrollieren. Seinen Brüdern war er dabei oft zu konservativ. Biografen bezeichnen seinen Geschäftsstil als »fürsorgenden Patriarchalismus«. Siemens starb 1892 in Berlin.

Deutschland machte in der 2. Hälfte des 19. Jahrhunderts einen rasanten Wandel von einem technisch rückständigen, agrarischen Land zu einer der führenden Industrienationen durch. Diese erste Industrialisierung wurde durch Schwerindustrie, Eisenbahnbau und Maschinenbau geprägt, die zweite Welle durch Elektrotechnik und Chemie. Die Elektrotechnikbranche war damals gleichbedeutend mit dem Namen Siemens.

**FÜR BESSERWISSER**

**Siemens' Verantwortung**

**Siemens beteiligte seine Arbeiter am Erfolg. Er zahlte Erfolgsprämien, richtete eine Pensions-, Witwen- und Waisenkasse ein und führte 1873 den 9-Stunden-Tag ein.**

## Erfindungen der Mesopotamier

In dem Land um die Flüsse Euphrat und Tigris begannen die Menschen um 6000 v. Chr. mit einer gezielten Wasserwirtschaft. Sie erfanden den Kanalbau, die künstliche Bewässerung von Feldern sowie die Trockenlegung von Sümpfen.

Schon im 4. Jahrtausend v. Chr. kamen weitere bahnbrechende Erfindungen hinzu. Die Landwirtschaft wurde durch einfache Holzpflüge effektiver. Aus den Walzen, die man unter schwere Lasten schob, um sie leichter bewegen zu können, entstanden Räder.

Ab 3500 v. Chr. wurden Straßen – wenn auch unbefestigt – und erste Steinbrücken errichtet. Etwa zur gleichen Zeit wurde die Töpferscheibe erfunden, mit der sich Gefäße schneller herstellen ließen und künftig durch Spezialisten gefertigt wurden. Überhaupt erfanden die Mesopotamier in dieser Zeit die Organisation einer Gesellschaft. Dazu gehörten nicht nur Arbeitsteilung, sondern auch die Zeitmessung mit Hilfe von Sonnenuhren oder die jahreszeitliche Einteilung durch einen Kalender. Sternenkonstellationen am Himmel bekamen Tiernamen und wurden auf Karten verzeichnet, sodass man durch ihre veränderte Position den Jahreslauf bestimmen konnte.

**Das Töpfern ist eine uralte Kunst, die besonderes Geschick erfordert**

Um 3400 v. Chr. setzen die Historiker den Beginn der ersten Hochkulturen an. Deren wichtiges Kennzeichen ist die Erfindung der Schrift. In Mesopotamien begannen die Verwaltungsbeamten in den Tempeln, in denen damals das religiöse, politische, wirtschaftliche und kulturelle Leben geregelt wurde, die ersten Schriftsymbole zu entwickeln.

Bald nach der Erfindung der Schrift begannen die Mesopotamier zu rechnen. Gleichzeitig kamen Maßeinheiten wie »Elle« oder »Fuß« auf. Spätestens 2130 v. Chr. wurden diese Maße standardisiert. Nachweisen lässt sich dies anhand einer erhaltenen Statue, die den Herrscher Gudea von Lagasch mit einer halben mesopotamischen Elle zeigt.

Außerdem erfanden die mesopotamischen Händler Vorgehensweisen, die den früheren Tauschhandel gründlich auf den Kopf stellten. Die Tempel fungierten als Banken, bei denen die Kaufleute Konten besaßen und bargeldlose Zahlungen untereinander veranlassen konnten. Man kannte Kreditbriefe und gewogenes – aber noch ungemünztes – Gold und Silber als Zahlungsmittel.

Weitere wichtige Erfindungen der ersten Hochkulturen an Euphrat und Tigris waren Bau- und Werkstoffe. Aus gebrannten Lehmziegeln konnten Gebäude von erheblicher Größe errichtet werden. Ab etwa 2000 v. Chr. wurden auch Bögen gemauert.

Die Erfindung des Brennofens um 3500 v. Chr. diente nicht nur der Töpferei, sondern ermöglichte auch das Schmelzen von Metallen wie Kupfer, Gold und Silber, um daraus Schmuck herzustellen. Nicht sicher ist, ob auch die Bronze zwischen Euphrat und Tigris erfunden wurde oder in einer anderen Gegend des Nahen Ostens. Vermutlich war es Zufall, dass man um 3000 v. Chr. herausfand, dass eine Legierung aus zwei weichen Metallen wie etwa Kupfer und Zinn ein Metall von bis dahin unbekannter Härte ergab.

Ebenfalls unklar ist, ob Glas, das gegen Ende des 3. Jahrtausends v. Chr. entdeckt wurde, und die Glasbläserkunst um 1600 v. Chr. in Mesopotamien oder einem Nachbarland erfunden wurden.

Außerdem machten die Mesopotamier folgende Erfindungen: das Wasserrad (2. Hälfte des 4. Jahrtausends v. Chr.), Zuggeschirr für Tiere und Leim aus gekochten Tierhäuten (um 3000 v. Chr.), Mühlsteine zum Getreidemalen (um 2900 v. Chr.) und Bier (um 2500 v. Chr.).

# Revolutionäre Entwicklungen – ein Werk vieler Forscher

Manchmal ist es nur das Werk eines Einzelnen, vielleicht sogar nur eine kleine Neuerung, die für eine große Veränderung sorgt. Doch schaut man genauer hin, dann geht der Einführung der neuen Technik oft eine jahrzehnte-, manchmal jahrhundertelange Vorgeschichte voraus, an der viele Forscher und Erfinder beteiligt waren, die jeweils das Ihre dazu beigetragen haben, die Entwicklung voranzutreiben. Insbesondere in den Schlüsselbereichen Verkehr, Kommunikation, Energieerzeugung und Medizin liegen das Erkennen eines Problems, die Idee, wie eine Lösung aussehen könnte, und die Umsetzung nicht bei einem Erfinder, sondern sind auf viele Köpfe verteilt.

Aus diesem Grund ließ sich die Erfindung des Autos nicht allein an Carl Benz festmachen oder die Einführung der Dampfkraft nicht an James Watt. Erst der Blick auf die ganze Erfindungsgeschichte zeigt das wahre Bild.

# Damit Wissen nicht verloren geht – Schrift, Papier und Druck

**Komplexe Gesellschaften funktionieren nicht nur mit mündlicher Kommunikation. Zur Entwicklung erster Hochkulturen vor 5 400 Jahren gehörte auch die Erfindung einer Schrift. In der Folge wurden viele weitere Erfindungen getätigt, um das Festhalten und die Verbreitung von Informationen zu vereinfachen: Die Schrift selbst, das Schreibmaterial sowie das Kopierverfahren wurden verbessert. Der Durchbruch jedoch kam erst im 15. Jahrhundert.**

## Schrift und Schreibmaterial

Um 3400 v. Chr. entwickelten Verwaltungsbeamte in den mesopotamischen Tempelanlagen eine Schrift, die sie in weiche Tontafeln ritzten. Gut 800 Jahre später vereinfachten sie diese, indem sie nicht mehr für jedes Wort, sondern nur für einzelne Silben verschiedene Zeichen benutzten. Aber die Tontafeln blieben. Die Ägypter dagegen begannen etwa um 3000 v. Chr. zu schreiben, erfanden aber als Schreibmaterial beinahe gleichzeitig den Papyrus. Zudem kannten sie auch schon das Pergament aus geglätteten Tierhäuten, das im 3. Jahrhundert v. Chr. in der kleinasiatischen Stadt Pergamon verbessert wurde. Ihre Tinte mischten sie aus Ruß und flüssigem Gummi arabicum, einem Harz, das aus dem Pflanzensaft verschiedener Akazienarten gewonnen wurde. Um 1500 v. Chr. und 700 v. Chr. wurden Schriften entwickelt, die ein wesentlich schnelleres Schreiben ermöglichten als die ursprünglichen Hieroglyphen.

## Papier wird erfunden

Die radikale Vereinfachung der Schrift gelang dann den Phöniziern um 1200 v. Chr. Sie waren die Ersten, die für jeden Laut ein Zeichen setzten und nun mit 22 einfachen Zeichen auskamen. Kopiert wurden die Schriftstücke jedoch immer noch von Hand, was dazu führte, dass von vielen bedeutenden Werken der Antike kein einziges Exemplar erhalten geblieben ist.

Fortschrittlicher waren in dieser Hinsicht die Chinesen. Zum einen erfand 105 n. Chr. der kaiserliche Hofbeamte T'sai Lun das beste und billigste Schreibmaterial: das Papier. Er stellte dazu einen Brei aus Maulbeerbast, Hanf und zerfaserten Lumpen her, den er in dünnen Lagen auf ein Sieb strich, presste, trocknen ließ und glättete. Zum anderen begannen die Chinesen schon im 6. Jahrhundert n. Chr. aus Holz und Stein Druckstöcke zu schnitzen, um Schriftliches zu reproduzieren. Ab dem 11. Jahrhundert scheinen die Chinesen und die Koreaner mit einzelnen Lettern gedruckt zu haben. Sie kamen jedoch nicht auf die Idee, ihre komplizierte Schrift zu vereinfachen, sodass der Letterndruck keine einschneidende Verbesserung darstellte.

### Kopieren leicht gemacht

Über die Araber gelangte die Tafeldrucktechnik im 13. Jahrhundert nach Europa. Angeblich kam Johannes Gutenberg bei einer Wallfahrt nach Aachen durch die vielen mit Holzdruckstöcken gedruckten Andachtsblättchen auf den Gedanken, dass verbesserte Druckverfahren ein rentables Geschäft sein könnten. Doch mit der Idee, einzelne Lettern zu benutzen, war es nicht getan. Gutenberg schuf ein völlig neues Druckverfahren. Er entwickelte eine vereinfachte

### ➤ Johannes Gutenberg

Der Erfinder wurde 1398 als Johannes Gensfleisch in Mainz geboren. Der Patriziersohn lernte das Goldschmiedehandwerk und wanderte 1430 nach Straßburg aus. Über sein Leben ist sehr wenig bekannt. Nachdem 1444 plündernde Soldaten seine Werkstatt abgebrannt hatten, kehrte er nach Mainz zurück, wo er zusammen mit Johannes Fust mit dem Bibeldruck begann. Elf Jahre später kam es zum Zerwürfnis mit Fust, der Gutenbergs Werkstatt und die fertigen Bibeln daraufhin pfänden ließ. Die Akten geben kein klares Bild darüber, ob Fust Gutenberg übervorteilte oder im Recht war. Danach arbeitete Gutenberg mit neuen Geldgebern weiter. 1465 erhielt er den Titel eines Hofkavaliers, was ihn finanziell absicherte. Drei Jahre später starb er.

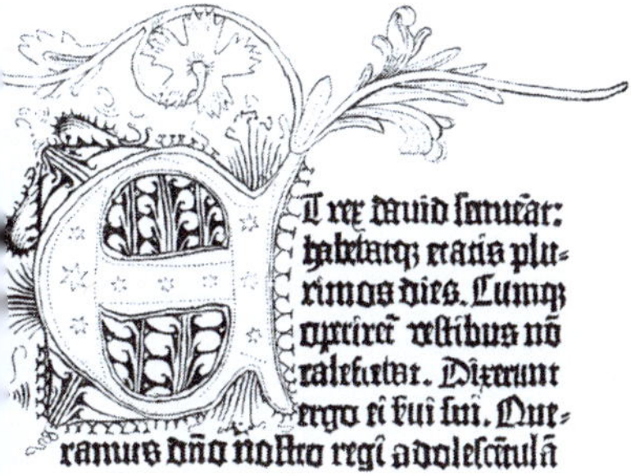

**Mit seinem neuen Verfahren des Buchdrucks beeinflusste Johannes Gutenberg den Lauf der Welt**

Schrift mit weniger Schnörkeln, die aber den ästhetischen Ansprüchen der Leserschaft genügte. Dann erfand er ein Gießgerät, mit dem er die Lettern gießen konnte, entwickelte eine passende Metallmischung für den Guss und passte die Druckfarbe an.

### Presse für die Bibel

Außerdem konstruierte er eine neue Presse, denn die bislang beim Holztafeldruck üblichen Bürst-, Reib- oder Rollverfahren lieferten kein klares Druckbild. Gutenberg ließ sich von einer Weinspindelpresse inspirieren. Für den Druckstock konstruierte er einen eisernen Rahmen, der die Lettern zusammenhielt, und einen Schlitten, mit dem die Platte in die Presse geschoben werden konnte.

Um 1450 nahm Gutenberg das Projekt »Bibel« in Angriff. Dazu ging er eine Geschäftsverbindung mit dem Unternehmer Johannes Fust ein. Zwei Jahre später holte Fust den Schönschreiber Peter Schöffer ins Team, der für die künstlerische Gestaltung der Gutenberg-Bibel verantwortlich war.

Das neue Druckverfahren breitete sich schnell aus. Von Martin Luthers Schriften wurden etwa eine halbe Million Exemplare gedruckt, davon allein 120 000 von seiner 1522 fertig gestellten Bibel.

**FÜR BESSERWISSER**

### Der Streit um die Erfindung

**Ob Gutenberg der erste Europäer war, der mit einzelnen Lettern druckte, steht nicht zweifelsfrei fest. Auch andere Namen werden als mögliche Pioniere der Druckerei gehandelt: Johann Mentel aus Straßburg, Albrecht Pfister aus Bamberg, Pamfilo Castaldi aus Feltre und Lourens Janszoon aus Haarlem. Nach dem gegenwärtigen Stand der Forschung griffen Mentel und Pfister bei ihren Druckverfahren wahrscheinlich auf Gutenbergs Erfindung zurück. Castaldi und Janszoon sind historisch nicht nachweisbar.**

# Eine starke Sache – die Dampfmaschine

**Die heute in der Technik übliche Einheit für Leistung, die »Pferdestärke« (abgekürzt PS), erfand James Watt angesichts seiner Dampfmaschine, mit der völlig neue Dimensionen erreicht wurden. Er suchte nach einer anschaulichen Vergleichsgröße, um die Leistung dieser Maschine messen zu können, und kam schließlich auf die kräftigen Arbeitstiere, die schwere Lasten ziehen. Denn dort, wo der Einsatz einer Wasser- oder Windmühle nicht möglich war, stellten Pferde die bis dahin stärkste Antriebskraft dar.**

## Spielzeug und Kochtopf

Dass Dampf Kraft entwickeln kann, wussten schon die alten Griechen. Heron von Alexandria, Mathematiker und Ingenieur, konstruierte im 1. Jahrhundert n. Chr. eine neckische Spielerei: Er lagerte eine mit Wasser gefüllte Metallkugel drehbar auf einer Achse. Wenn das Wasser erhitzt wurde, trat der Wasserdampf durch zwei Düsen aus und versetzte durch seinen Rückstoß die Kugel in Bewegung. Die Umsetzung dieser Idee in größere Dimensionen war zu jener Zeit jedoch nicht von Interesse, da die Arbeit hauptsächlich von Sklaven verrichtet wurde und es nur wenig Holz als Brennmaterial gab.

Das Bedürfnis, Arbeit von Maschinen leisten zu lassen, kam erst im 17. Jahrhundert auf. Der niederländische Physiker Christiaan Huygens stellte 1674 einen Motor her, in dem er in einem Zylinder Schießpulver explodieren ließ. Nach einer gewissen Zeit entstand durch die Abkühlung des Pulverdampfes ein Unterdruck. Dieser zog einen Kolben an, den die nächste Explosion wieder heraustrieb.

## Der vergessene Assistent

1690 rüstete Huygens ehemaliger Assistent, Denis Papin, die Apparatur auf Wasserdampf um. Durch abwechselndes Erhitzen und Kühlen des Zylinders gelang es ihm, den Kolben zu bewegen. Papin versuchte damit für seinen Brötchengeber, den Landgrafen von Hessen-Kassel, eine Springbrunnenpumpe zu betreiben, doch die Leitungen hielten dem Druck des Dampfes nicht stand. Papin, den sein Freund Gottfried Wilhelm Leibniz, den »besten Kenner aller Gase« nannte, wanderte nach England aus, wo er vermutlich 1712, von vielen vergessen, starb.

### Die Pumpe

Von Papin ließ sich der britische Ingenieur Thomas Savery inspirieren, eine dampfbetriebene Pumpe zu bauen, die das eindringende Grundwasser aus Bergwerken pumpte. Er erhielt 1698 dafür ein Patent. Die Maschine war aber nicht besonders leistungsfähig und wurde daher kaum eingesetzt. Eine war allerdings in der Nähe von Dartmouth in Betrieb, und dort lernte sie der Schlossermeister Thomas Newcomen kennen. Die Pumpe interessierte ihn so sehr, dass er Nachforschungen anstellte und dabei von Papins Dampfmaschine erfuhr. Newcomen konstruierte daraufhin eine eigene Version, bei der der Dampf nicht direkt im Zylinder erzeugt wurde, sondern in einem Kessel. Von dort wurde er in den Zylinder geleitet, in dem eingespritztes kaltes Wasser einen Unterdruck erzeugte und den Kolben anzog. Anschließend beförderte das Gewicht der daran befestigten Pumpstange den Kolben in die Ausgangsposition zurück.

**FÜR BESSERWISSER**

**Gefährlicher Topf**

**Papins erste Erfindung war der Dampfdruckkochtopf im Jahr 1679. Angeblich explodierte der Topf, als Papin ihn zum ersten Mal vorführte. Daraufhin erfand er das Sicherheitsventil, was ihm sicherlich eine große Hilfe war: Es heißt, dem recht enthusiastischen Papin sollen seine Versuchsgeräte häufig um die Ohren geflogen sein.**

### Stärker als Pferde

1712 wurde die erste Newcomen'sche Maschine in einem Bergwerk in Staffordshire in Großbritannien installiert. Sie war rund 20 Meter hoch, ungeheuer laut und verbrauchte gewaltige Mengen an Energie. Man sagte ihr nach, sie arbeitete »mit solcher Kraft und Schnelligkeit, dass hundert Pferde solcher nicht praesentieren können«, spottete aber auch, eine

Erzmine sei nötig, um sie zu bauen, und ein Kohlebergwerk, um sie in Gang zu halten. Ihr Wirkungsgrad lag gerade mal bei 0,5 Prozent. Doch nur mit diesem »kohlefressenden Ungeheuer« konnten tiefer liegende Rohstoffe abgebaut werden. So verwundert es nicht, dass die Bergwerksbesitzer während der siebziger Jahre des 18. Jahrhunderts fieberhaft auf die verbesserte Dampfmaschine warteten, an der James Watt arbeitete (siehe Seite 16).

**Für Besserwisser**

### Der russische Watt

**Auch in Russland wurde eine Dampfmaschine gebaut. Ihr Erfinder war Iwan Polsunow, der sich zum stellvertretenden Werksleiter einer Silbergrube im Altai-Gebiet hochgearbeitet hatte. Polsunow entwickelte um 1765 eine sehr gleichmäßig laufende Maschine mit zwei Kolben, um das Gebläse der Schmelzöfen anzutreiben. Die jahrzehntelange Arbeit im Berg hatte seine Gesundheit jedoch so ruiniert, dass er unmittelbar nach der Fertigstellung seiner Erfindung starb. Seine Maschine soll nur 43 Tage gelaufen sein, denn der Kessel wurde undicht und man legte sie einfach still.**

## Die Turbine

Bis zum ausgehenden 19. Jahrhundert war die Dampfmaschine die wichtigste industrielle Kraftquelle. Für die meisten Anwendungen in der Industrie waren jedoch Drehbewegungen nötig. Die Lösung war im Grunde einfach: Der Dampf durfte keinen Kolben mehr antreiben, sondern eine Turbine. Bereits 1629 hatte der Italiener Giovanni Branca eine solche Dampfturbine konstruiert. Dieser Versuch erlangte aber ebenso wenig wirtschaftliche Bedeutung wie spätere Unternehmungen in dieser Richtung. Auch James Watt hatte bereits den Gedanken an eine Turbine gehabt, dann aber andere Wege gewählt, eine Drehbewegung zu erzeugen. Watt sah nämlich Schwierigkeiten darin, die gewaltigen Kräfte einer Großturbine mit den damaligen Mitteln in den Griff zu bekommen und steuerbar zu machen.

## ... und die Dampfturbine

Hundert Jahre später reichten die alten Lösungen für die gestiegenen Anforderungen, vor allem für den Antrieb von Stromgeneratoren, nicht mehr aus. Der Schwede Carl Gustav Patrik de Laval baute im Jahr 1883 eine Dampfturbine, um die von ihm erfundene Milchzentrifuge anzutreiben. Gleichzeitig konstruierte der Ire Charles Parsons eine Dampfturbine, die einen Stromgenerator direkt, also ohne zwischengeschaltetes Getriebe, antrieb. Um die nötigen Kräfte dafür zu erreichen, kam er auf die wegweisende Idee, mehrere Kränze mit Turbinenschaufeln hintereinander zu setzen.

### Zunehmender Erfolg

1889 hatte es Parsons auf über 300 Patentanmeldungen gebracht und gründete in Newcastle eine eigene Firma. Da die Patente über die Turbine von 1884 aber vertragsgemäß seinem alten Arbeitgeber gehörten, erfand er eine neue Maschine, bei der der Dampf radial, also strahlenmäßig von innen nach außen strömte. Die Maschine erreichte dadurch einen sensationellen Wirkungsgrad.

Parallel zu Parsons verbesserte auch Carl Gustav Patrik de Laval seine Turbine stetig weiter. Er entwickelte eine Düse, in der Gas oder Dampf auf Überschallgeschwindigkeit beschleunigt werden konnte. Damit erreichte die Turbine für die damalige Zeit schier unvorstellbare 42 000 Umdrehungen pro Minute – eine Größe, die seine Zeitgenossen als äußerst gefährlich ansahen und die im Grunde auch unnötig ist. Denn moderne Kraftwerksturbinen arbeiten lediglich mit 1 500 bis 3 000 Umdrehungen. Doch durch ihre Größe und die Konstruktion aus mehreren Teilturbinen, bringen sie es auf vierstellige Megawattzahlen.

### ➤ Charles Parsons

**Charles Parsons wurde 1854 in London als jüngster Sohn eines Lords geboren. Beide Eltern begeisterten sich für naturwissenschaftliche Fragen. Der Vater war zudem ein angesehener Astronom, der ein reflektierendes Teleskop entwickelt hatte. Der junge Charles wurde von ausgesuchten Hauslehrern unterrichtet und begann 1872 erst in Dublin, dann in Cambridge Naturwissenschaften und Mathematik zu studieren. Gegen Ende seines Lebens beschäftigte er sich wie sein Vater mit der Konstruktion von großen Teleskopen. 1931 starb der Maschinenbauer.**

## Erfindungen früher Mittelmeerkulturen

Wenig später als in Mesopotamien entwickelte sich auch in Ägypten eine Hochkultur, die eine Schrift sowie zentral organisierte Wasserwirtschafts- und Baumaßnahmen besaß. Allerdings benutzte man hier zum Bauen nicht Ziegel, sondern behauene Steine, was aufwändiger war, aber solche riesigen Bauten wie die Pyramiden erlaubte. Dafür mussten zahlreiche Techniken und Geräte erfunden werden wie Hebebäume oder Schleifen aus Holz, die mit Wasser gleitfähiger gemacht wurden. Der Prunk um den Pharao führte noch zu weiteren Erfindungen wie dem Konservieren toter Körper, dem bergmännischen Goldabbau, dem Glasschmelzen und Techniken der Goldbearbeitung und Schmuckherstellung.

Als weitere wichtige Erfindungen gelten: Papyrus, Segelschiff, Spaltkeil, Senkblei, Holzsäge, (um 3000 v. Chr.), Spiegel aus poliertem Kupfer (um 2900 v. Chr.), Türschlösser (um 2000 v. Chr.), Schleusen (um 1850 v. Chr.), Blasebalg (um 1600 v. Chr.), Schaduf (Wasserschöpfgerät, um 1500 v. Chr.), Joch für Ochsen (um 1400 v. Chr.), Draht (um 1300 v. Chr.) und Zahnräder (um 1000 v. Chr.).

Die Hetither, die im 2. Jahrtausend v. Chr. in Anatolien herrschten, erfanden den Stahl. Zuvor hatte Eisen keinen großen Stellenwert gehabt. Das Material schien zu spröde zu sein und war nur schwer zu bearbeiten. Die Hetither entdeckten jedoch den Trick, es zu »stählen«, indem sie es mehrmals erhitzten und mit kaltem Wasser abschreckten.

In den phönizischen Stadtstaaten wurden zu Beginn des 1. Jahrtausends v. Chr. aus den üblichen Fluss- und Küstenkähnen durch allerlei Verbesserungen schnelle Hochseesegler gemacht. Um 1000 v. Chr. erfand man ein Verfahren, den Farbstoff der Purpurschnecken zu gewinnen, und um 800 v. Chr. klares Glas. Beide waren begehrte Handelsprodukte. Außerdem waren die Phönizier gute Zahnärzte, die bereits mit Golddraht »dritte« Zähne einsetzten.

Gemünztes Geld wurde wahrscheinlich erstmals im 6. Jahrhundert v. Chr. in Lydien geprägt.

# Motor der Industrialisierung – die Eisenbahn

**Der Gedanke, mit einer Dampfmaschine Fahrzeuge anzutreiben, lag nahe und wurde auch von James Watt erwogen. Doch seine Niederdruckdampfmaschine war zu groß und zu schwer dafür. Höheren Druck jedoch hielt der Erfinder für zu gefährlich – nicht so Richard Trevithick.**

## Trevithicks Ungeheuer

Der britische Maschinenbauer Richard Trevithick war entschlossen, die von Ponys gezogenen Grubenbahnen mit Dampfmaschinen auszurüsten. Trotz der Warnungen James Watts experimentierte er mit immer kleineren, aber stärkeren Kesseln und bis zu fünffachem Atmosphärenüberdruck. 1801 brachte er ein Straßengefährt mit zweieinhalb Meter hohen Hinterrädern zum Laufen, das großes Aufsehen erregte und als »Captain Dicks Puffer«, »Puffing Devil« oder »Trevithicks Schwarzer Drache« bezeichnet wurde.

Danach konstruierte Trevithick für eine Eisenhütte in Südwales die erste Dampflok. 1804 war seine Erfindung, der ein riesiges Schwungrad und ein äußeres Gestänge mit vielen Zahnrädern ein kurioses Aussehen verliehen, fertig. Trevithick wettete mit dem Grubenbesitzer um 500 Pfund – die er nicht besaß –, dass seine Lok 10 Tonnen bewegen könne. Zwar schaffte sie sogar über 70 Tonnen und war mit etwa 9 Stundenkilometern relativ schnell, allerdings gingen die gusseisernen Schienen unter dem Gewicht der Lok immer wieder zu Bruch. So auch 1808 bei einer Vorführung in London, wo Trevithicks neue Lok »Catch me, who can«

**FÜR BESSERWISSER**

### Der erste Autounfall

**Trevithicks Dampfwagen flog auf einer Probefahrt in die Luft, weil der trinkfeste Erfinder in einem Pub am Wegesrand eine längere Pause eingelegt hatte, sodass die Maschine ihren ganzen Wasservorrat verbrauchte und der überhitzte Kessel explodierte.**

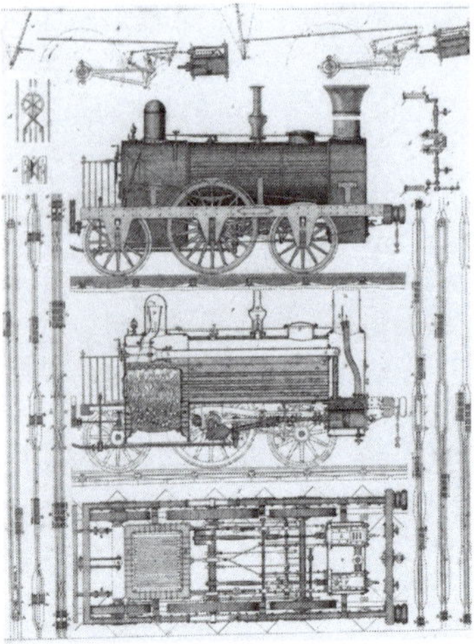

**Die Eisenbahn als Transportmittel wurde von ihren ersten Anfängen bis in unsere Tage stetig weiterentwickelt**

Schaulustige gegen einen Schilling im Kreis herumfuhr. Trevithick verkaufte die Lok und probierte sich an der Entwicklung von Dampfkränen, -baggern und -schiffen, scheiterte dabei jedoch durchweg.

## Unternehmen Stephenson

Trevithicks Werk wurde von dem Briten George Stephenson weitergeführt. Er baute 1814 seine erste Grubenlok, die anlässlich des deutschen Sieges bei Waterloo nach dem preußischen Generalfeldmarschall »Blücher« genannt wurde.

Als dann 1821 der Geschäftsmann Edward Pease die parlamentarische Genehmigung für den Bau einer pferdebetriebenen Bahn zwischen Stockton und Darlington bekam, wurde Stephenson aktiv. Er überzeugte Pease, stattdessen eine Eisenbahn zu bauen. Gleichzeitig entwickelte John Birkinshaw eine Walzmethode, mit der sich längere und stabilere Schienen herstellen ließen. 1825 weihte Stephensons »Locomotion« die Strecke ein. Sie brachte es auf 25 Kilometer pro Stunde, musste jedoch einige Anstiege per Dampfwinde hinaufgeschleppt werden.

## Ein Wettbewerb entscheidet

Stephenson wurde schließlich mit dem Bau einer Bahn zwischen Manchester und Liverpool betraut. Die Widerstände gegen die rauchende, laute Bahn waren jedoch groß. Zudem ging der unerfahrene Stephenson bei der Organisation oft dilettantisch vor. Als auch die Verantwortlichen an dem Projekt zweifelten, bot Stephenson ein Wettrennen an, das die Überlegenheit seiner Lok über jede Postkutsche demonstrieren sollte. Das Komitee willigte ein.

**Für Besserwisser**

**Falsche Zahlen**
Gelegentlich wird die rührende Geschichte erzählt, dass George Stephenson als achtjähriger Hütejunge eine von Trevithicks Lokomotiven bewunderte. Das kann jedoch nicht stimmen, denn als Trevithicks erste Lok zum Einsatz kam, war Stephenson bereits 22 Jahre alt.

So machten sich Stephenson und sein Sohn Robert daran, ihre Loks zu optimieren. Ein Freund der Familie hatte die entscheidende Idee, einen Wärmetauscher einzubauen. Die heißen Abgase der Lok sollten, bevor sie durch den Schornstein gepustet wurden, noch einmal in mehreren Röhren den Kessel durchziehen und damit beim Aufheizen helfen.

Am 6. Oktober startete das Rennen von Rainhill. Eine Lok wurde von der Jury ausgemustert, weil sich in ihrem Inneren ein Pferd in einer Tretmühle befand, eine weitere, weil sie nur im Schritttempo fahren konnte. Zwei weitere Lokomotiven hatten mehrmals technische Probleme. Die sehr schlicht gebaute »Rocket« der Stephensons dagegen brachte es auf 48 Stundenkilometer und funktionierte einwandfrei.

1830 eröffnete man die Strecke zwischen Liverpool und Manchester. Innerhalb weniger Jahre wurde die Eisenbahn auch in den anderen europäischen Ländern und in Nordamerika eingeführt. Mitte des 19. Jahrhunderts gab es weltweit 40 000 Kilometer Schienen, 1882 waren es bereits zehnmal so viel.

## ➤ George Stephenson

Stephenson kam 1781 bei Newcastle auf die Welt. Sein Vater war Heizer in einer Kohlenzeche. Zur Schule ging der junge Stephenson nicht, mit 14 Jahren arbeitete er als Kohlenleser in der Zeche, später als Maschinenbursche. Erst mit 19 Jahren lernte er in der Abendschule, die er über einen Nebenjob als Flickschuster finanzierte, Lesen und Schreiben. Er arbeitete sich zum Maschinenbaumeister hoch und bildete sich bei den gemeinsamen Hausaufgaben mit seinem 1803 geborenen Sohn, den er unter vielen Entbehrungen auf die höhere Schule schickte, weiter.

# Lösung im Kleinformat – der Verbrennungsmotor

**Die Erfindung des Hochdruckdampfkessels hatte einen geeigneten Antrieb für die Eisenbahn geschaffen. Doch für viele andere Anwendungen war dieser immer noch viel zu groß und zu schwer. Aus diesem Grund ging die Suche nach geeigneten Antriebsaggregaten im 19. Jahrhundert weiter – hin zu kleineren, vielseitigeren Lösungen.**

## Der Motor

Heute zieht man leicht eine direkte gedankliche Verbindung vom Verbrennungsmotor zum Auto. Im 19. Jahrhundert war das anders. Individualverkehr spielte noch keine überragende Rolle und Güter konnten mit der Eisenbahn transportiert werden. Das eigentliche Problem war ein anderes. Der französische Ingenieur Franz Reuleaux thematisierte es 1875 in der Zeitschrift »Gartenlaube«: »Die riesigen, teuren Dampfmaschinen sind nur für kapitalkräftige Großunternehmer erschwinglich. Kleine Gewerke können mit dieser übermächtigen Konkurrenz nicht mithalten und geraten reihenweise in Existenznot.« Es sei also dringend nötig, den »Kleinmeister« durch eine billige und leistungsfähige Kraftmaschine wieder konkurrenzfähig zu machen. »Es lassen sich bereits mehrere vorzügliche Versuche solcher kleinen Kraftmaschinen aufzählen. Sie sind deshalb zu den wichtigsten Maschinen zu rechen; in ihnen liegen Keime zu einer völligen Umgestaltung eines Theiles der Industrie.«

## Lenoirs Verbrennungsmotor

Der erste Verbrennungsmotor ist Huygens Schießpulvermotor aus dem Jahr 1674. Danach wurde es entwicklungstechnisch erst wieder bei dem Franzosen Etienne Lenoir interessant, der 1862 einen mit Gas betriebenen Zweitaktmotor konstruierte. Carl Benz spottete, das Ding wäre »bei guter Laune« vielleicht einmal zehn Minuten gelaufen. Doch das stimmte nicht: Von dem Motor wurden etwa 400

Exemplare gebaut und benutzt. Dennoch war der Lenoir-Motor sehr laut, ziemlich schwer und verbrauchte viel Energie.

## Der erste Ottomotor

Der deutsche Maschinenbauer Nikolaus August Otto kannte diesen Motor, als er sich 1862 ans Werk machte. Sein Ziel war es, mehr Effizienz zu erreichen, indem er den Treibstoff vor der Entzündung verdichtete. Ein Jahr später war er bereits pleite, erhielt aber Unterstützung von dem Ingenieur Eugen Langen. So konnte Otto 1867 auf der Weltausstellung in Paris einen Motor präsentieren, dessen Energieverbrauch auf ein Drittel gesenkt war. Dafür erhielt er eine Goldmedaille. Neun Jahre später glückte ihm die Umsetzung des Viertaktprinzips. Dabei entfernt sich der Kolben im ersten Takt vom Zylinderkopf und saugt ein Luft-Gas-Gemisch an. Im zweiten Takt verdichtet er das Gemisch, das dann mit einer Gasflamme gezündet wird. Die Verbrennungsgase treiben den Kolben wieder vom Zylinderkopf weg und im vierten Takt werden die Abgase aus der Verbrennungskammer gedrückt.

## Diesels Kraftmaschine

1884 konstruierte Otto eine elektrische Zündung, was dazu führte, dass der Motor nicht nur mit Gas, sondern auch mit flüssigen Brennstoffen betrieben werden konnte.

So wie Nikolaus August Otto den Lenoir-Motor verbesserte, machte sich 1892 Rudolf Diesel daran, den Wirkungsgrad des Otto-Motors zu steigern. Auch er wollte eine günstigere »Kraftmaschine für das Volk« bauen. Dazu verwendete er als Kraftstoff Schweröl, das sich jedoch bei genügender Verdichtung selbst entzünden kann. Die Sache funktionierte, verlief indessen unglücklich für Diesel. Während er alle Misserfolge der Entwicklung einstecken musste, hatten andere mit

### FÜR BESSERWISSER

**Probleme mit dem Patent**

**Otto erhielt 1876 ein Patent für seinen Viertaktmotor, für den große Nachfrage bestand. Dann jedoch entdeckte die Konkurrenz, dass ein französischer Ingenieur namens Alphonse Beau de Rochas das Viertaktprinzip bereits 1862 beschrieben hatte. Dass Beau de Rochas den Motor nie gebaut hatte und Otto das Schriftstück nicht kannte, spielte keine Rolle. 1886 verlor der Deutsche sein Patent wieder.**

ihrer Geschäftstüchtigkeit mehr Glück. 1913 ertrank er bei einer Überfahrt nach England, die genauen Todesumstände wurden nie geklärt. Sein Motor aber wies zu Beginn der zwanziger Jahre des 20. Jahrhunderts einen Wirkungsgrad von 35 Prozent auf, im Gegensatz zu 28 Prozent beim Ottomotor. Folglich wurde er millionenfach in der Stromversorgung und zum Antrieb von Lokomotiven, Schiffen, Landmaschinen, Schleppern und anderem schweren Gerät eingesetzt.

## Das Auto

Bereits in der Antike gab es einige Wagen, die mit Treträdern und Kurbeln bewegt wurden. 1600 transportierte der Mathematiker Simon Stevin mit einem Segelwagen 28 Passagiere am niederländischen Strand von Scheveningen nach Petten. Etwas später soll der Jesuitenpater Ferdinand Verbiest am chinesischen Hof einen Dampfwagen gefahren haben. 1769 baute der französische Militäringenieur Nicolas Joseph Cugnot einen zweizylindrigen Wagen zum Transport von Kanonen. Bei seiner ersten Fahrt rammte das schwere Gefährt gleich eine Mauer, und der Dampf im Kessel reichte nur eine Viertelstunde zum Fahren. Auch alle anderen Versuche bewiesen: Der geeignete Antrieb für ein Automobil war noch nicht gefunden.

**Das Automobil trat bereits kurz nach der Erfindung des Ottomotors seinen unvergleichlichen Siegeszug an**

## Daimler, Benz und Maybach

Gottlieb Daimler und Wilhelm Maybach arbeiteten als Ingenieure in Ottos Motorenfabrik Deutz. 1882 machten sie sich selbständig und entwickelten einen leichten Einzylindermotor, der durch eine veränderte Zündung und eine stärkere Verdichtung auf höhere Drehzahlen kam. Außerdem wog er nur noch 10 Prozent des Ottomotors. Daimler begann, den handlichen Motor in die verschiedensten Gefährte einzubauen. Zunächst in ein Zweirad, dann in ein Boot und schließlich in eine Kutsche.

Zeitgleich arbeitete der Maschinenschlosser Carl Benz an einem Automotor, den er nach zermürbenden zwei Jahren in einen dreirädrigen Wagen einbauen konnte. Seine erste Fahrt am Neckarufer in Mannheim erfolgte mit einer Geschwindigkeit von 16 Stundenkilometern.

Im Gegensatz zu vielen anderen Erfindern konnten Daimler und Benz erfolgreiche Firmen gründen, die die Entwicklung des Automobils vorantrieben und 1926 zur Daimler-Benz-AG vereinigt wurden.

**FÜR BESSERWISSER**

**Wer war der Erste?**

**Das erste benzingetriebene Fahrzeug konstruierte Siegfried Marcus in Wien, indem er um das Jahr 1870 einen Handwagen mit einem Zweitaktmotor ausrüstete. Das Gerät besaß allerdings noch keine Steuerung. Den ersten steuerbaren Wagen führte Carl Benz im Juli 1886 vor.**

## Berthas Abenteuer

Carl Benz' »Auto« erregte zwar Aufsehen, fand aber keine Käufer. Nach zwei Jahren wurde es seiner Frau Bertha, die regen Anteil an der mühseligen Entwicklung genommen hatte, zu viel. Sie zerstreute die Vorbehalte der Kunden mit einer beherzten Fernfahrt: Am 5. August 1888 nahm sie das Gefährt, packte ihre Söhne hinein und machte sich auf die gut 100 Kilometer lange Fahrt von Mannheim nach Pforzheim. An Steigungen musste sie den 13-jährigen Eugen ans Steuer lassen und zusammen mit dem älteren Sohn Richard kräftig schieben. Bei Abwärtsfahrten hingen sich die beiden hingegen an das Gefährt, um die schwachen Bremsen zu unterstützen. Dennoch mussten die drei mehrmals ihre Fahrt unterbrechen, um bei Dorfschustern neue Lederauflagen für die Holzbremse zu kaufen, beim Schmied die Kette des Antriebs nachspannen zu lassen, ein durchgescheuertes Zündungskabel mit Mutters Strumpfband zu isolieren, die gebrochene Benzinleitung zu kürzen und neu anzuschließen sowie eine Verstopfung der Leitung mittels einer Hutnadel zu beheben. Auch beim Kraftstoff waren sie erfinderisch: Den leeren Kanister ließen sie in einer Apotheke auffüllen, wo Benzin als Lösungs- und Reinigungsmittel verkauft wurde. So kamen sie schließlich in Pforzheim an.

# Eine neue Kraft wird nutzbar – Elektrizität

**Bis ins 18. Jahrhundert war Elektrizität eine Spielerei. Auf Partys erzeugte man mit Elektrisiermaschinen Funken und teilte zum Vergnügen elektrische Schläge aus. Noch schien Elektrizität keinen praktischen Nutzen zu haben.**

### Meinungsverschiedenheiten

Der italienische Arzt Luigi Galvani war Besitzer einer Elektrisiermaschine. Eines Tages im Jahr 1791 präparierte er die Nerven eines Froschschenkels, während sein Assistent in der Nähe an der Maschine zugange war. Als Galvani das Glied mit einem Messer berührte, fing es an zu zucken. Galvani war fasziniert. Er stellte fest, dass er das Zucken auch verursachen konnte, wenn er die Nerven – ohne Elektrisiermaschine – mit zwei verschiedenen Metallen berührte. Galvani schloss daraus, dass die Schenkel die Quelle der Elektrizität sein müssen, es also eine Art »tierische« Elektrizität gibt, die durch zwei verschiedene Metalle aktiviert wird.

Einer tat dies als Humbug ab: Galvanis Landsmann, der Physiker Alessandro Graf Volta. Er war sich sicher, dass die zuckenden Schenkel nur einen Leiter für die Elektrizität darstellten und griff zum Selbstversuch. Er legte sich ein Stanniolplättchen und eine Silbermünze auf die Zunge. Sobald sie sich berührten, verspürte er ein komisches Gefühl auf der Zunge. Die Erklärung kannte Volta noch nicht: Wenn sich zwei Metalle in einer Strom leitenden Flüssigkeit wie dem menschlichen Speichel berühren, gibt das

**Für Besserwisser**

**Was heißt Elektrizität?**

**Um 1600 untersuchte der britische Naturforscher William Gilbert Stoffe, die sich beim Reiben elektrostatisch aufluden und dadurch andere Dinge anziehen konnten. Das klappte nicht nur mit Wollpullovern und Kämmen, sondern auch mit Bernstein, der bei den alten Griechen »elektron« hieß. Also nannte Gilbert Dinge, die sich derart aufladen konnten, »corpora electrica« (elektrische Materialien).**

unedlere Metall Elektronen an das edlere ab – es fließt Strom. Das Ganze funktioniert auch, wenn die Metalle indirekt über ein leitfähiges Material, etwa Froschnerven, verbunden werden. Auf diesem Prinzip beruht jede Batterie: Getrennte Metalle werden durch Drähte verbunden und es kommt zum Stromfluss. Volta testete mehrere Metalle, bevor er 1799 aus Zink- und Kupferplättchen sowie in Salzlösung getränkter Pappe die erste künstliche Stromquelle bastelte.

**Luigi Galvanis Experimente mit Froschschenkeln führten letztlich zur Erfindung der Batterie**

## Der Nutzen wird sichtbar

Obwohl Voltas Erfindung im Nachhinein sehr wichtig war, wusste man lange Zeit nicht, was man mit der Elektrizität anfangen sollte. Der britische Chemiker Humphrey Davy versuchte, Strom durch verschiedene Flüssigkeiten zu leiten. Er hoffte, die darin enthaltenen chemischen Stoffe aufzuspüren. Der Versuch funktionierte. Davy entdeckte die Elemente Kalium, Natrium, Calcium sowie Bor und erfand gleichzeitig die Elektrolyse, bei der chemische Verbindungen durch die Einwirkung von elektrischem Strom

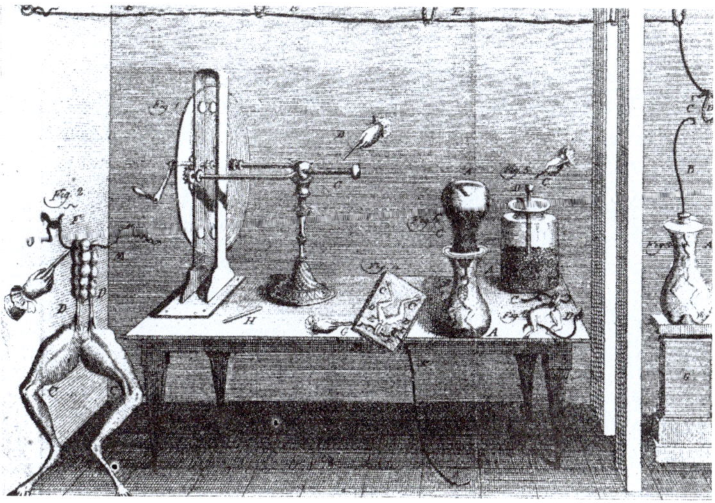

**Für Besserwisser**

**Die Bogenlampe**

**Davys Lichtbogen wurde später weiterentwickelt und kam seit 1862 in Leuchttürmen, in der Straßenbeleuchtung, in Filmprojektoren und bei Schweiß- und Schmelzvorgängen zum Einsatz, da die Bogenlampe ein helleres, heißeres und konzentrierteres Licht als Glühlampe oder Neonröhre liefert.**

aufgespalten werden. Zufällig stellte er bei seinen Experimenten zudem fest, dass sich zwischen zwei Kohlenstoffelektroden Funken bilden, wenn ein starker Strom hindurchfließt. Davy ging diesem Phänomen auf den Grund und brachte zwei Elektroden miteinander in Verbindung. Dann leitete er Strom hindurch und trennte die Elektroden langsam voneinander. Dabei bildete sich ein intensiv leuchtender Bogen. 1813 wagte der Chemiker eine öffentliche Vorführung und zeigte, dass mit elektrischem Strom künstliches Licht erzeugt werden kann.

### Der verrückte Kompass

1813 nahm Humphrey Davy den 22-jährigen Buchbinderlehrling Michael Faraday, der zwar nur eine minimale Schulbildung besaß, aber reges Interesse an den Naturwissenschaften zeigte, als Assistenten auf. Faraday beschäftigte sich als Laborgehilfe vor allem mit einer Zufallsbeobachtung des dänischen Physikprofessors Hans Christian Ørsted. Diesem war ein Strom leitender Draht auf einen Kompass gefallen, der daraufhin verrückt spielte. Der Draht schien um sich herum ein Magnetfeld gebildet zu haben, das auf den Kompass wirkte. 1821 baute Faraday eine einfache Vorrichtung, die einen Magneten mit Hilfe von Strom zum Rotieren brachte. Zehn Jahre später fand Faraday heraus, dass umgekehrt mit Hilfe eines Magnetfeldes elektrischer Strom erzeugt werden konnte, indem der Leiter oder der Magnet bewegt wird. Mit seinem ersten Versuch wies er den Weg zum Elektromotor, mit dem zweiten zum elektrischen Generator.

### Elektrizität verrichtet Arbeit

Auch William Sturgeon war ein Autodidakt in Sachen Naturwissenschaften, doch mit seiner großen Neugier brachte er es zum Physikdozenten. Seine Lehrmethoden waren äußerst modern. Er konstruierte nämlich Apparate, mit denen er

**Michael Faraday erzielte auf dem Gebiet der Elektrizität und auf dem der Chemie große wissenschaftliche Erfolge**

seinen Schülern naturwissenschaftliche Phänomene in der Praxis vor Augen führen konnte.

1825 beschloss Sturgeon, dem Zusammenhang zwischen Elektrizität und Magnetismus auf den Grund zu gehen. Der Forscher umwickelte ein hufeisenförmiges Eisenstück mit Kupferdraht, den er an eine Batterie anschloss. Dabei stellte Sturgeon fest, dass sein Eisenstück zu einem äußerst starken Magneten wurde und es blieb, solange Strom floss. Diese erstaunliche Kraft ging jedoch sofort wieder verloren, wenn der Strom ausgeschaltet wurde. Es gelang ihm, mit einem nur 20 Gramm schweren Elektromagneten ein vier Kilo schweres Metallstück anzuheben. Weil dieser Elektromagnet die beschriebenen großen Kräfte besaß und sich durch das An- und Abschalten des Stromes gut regulieren ließ, wurde er in der Folge zum zentralen Steuerelement für weitere Erfindungen, zum Beispiel für den Telegraphen, und zum unentbehrlichen Bestandteil leistungsfähiger Generatoren.

## ➤ Michael Faraday

**Als Sohn eines Londoner Grobschmieds, der Werkzeuge aus Metall herstellte, bildete sich Faraday selbst fort, indem er die Bücher, die er einzubinden hatte, erst einmal las. Von Davys Assistenten arbeitete er sich zum Chemieprofessor hoch, obwohl seine Bildung lückenhaft blieb. Er wird zu Unrecht nur mit dem 1836 entdeckten Faraday'schen Käfig in Verbindung gebracht, der vor Blitzen schützt. Tatsächlich war er einer der wichtigsten Forscher sowohl auf dem Gebiet der Elektrizität wie auf dem der Chemie.**

## Erfindungen der Römer

Die Römer waren vor allem gute Baumeister und Ingenieure. Ungefähr um 300 v. Chr. entwickelten sie einen Stoff, den sie »opus caementitium« nannten, das war ein Gussmörtel aus Steinen, Sand und Wasser. Ein besonderer Zuschlagsstoff, Puzzuoli, ein Kalk aus der Gegend von Neapel, verlieh dem Gemisch eine bis dahin unbekannte Druck- und Wasserfestigkeit. Mit diesem Baumaterial stellten die Römer nicht nur Mauern her, sondern waren auch in der Lage, Wölbungen zu gießen. Während die Kulturen vor ihnen gerade einmal Bögen mauern konnten, entwickelten römische Baumeister große Kuppeln, Tonnen- und Kreuzgewölbe. Die Kuppel des Pantheons in Rom mit über 43 Meter Durchmesser und einem komplizierten Tragewerk in den Mauern konnte erst in der Neuzeit durch moderne Bauweisen übertroffen werden.

Außerdem erfanden römische Ingenieure die befestigten Straßen. Die erste Landstraße, die im Jahr 312 v. Chr. gepflastert wurde, war die Via Appia, die von Rom nach Capua und später nach Brindisi in Süditalien führte. Insgesamt bauten die Römer nahezu 80 000 Kilometer feste Straßen. Dafür sprengten sie Felsen, trugen Hügel ab und befestigten sogar Sümpfe, indem sie dicht an dicht Holzstämme in den Untergrund rammten. Auch waren ihre Straßen aus mehreren Schichten aufgebaut, sie hatten ein Drainagesystem und seitliche Rinnsteine. Des Weiteren wurden Tunnel und immer kunstvollere, steinerne Bogenbrücken gebaut.

Im 1. Jahrhundert v. Chr. begannen sie, unter die Hausböden Hohlräume einzubauen, in die von einer zentralen Feuerstelle aus warme Luft geblasen wurde – die Fußbodenheizung war geboren.

Von den Römern wurde auch Folgendes erfunden: Hebewerke bis hin zum Drehkran, Wasserleitungen aus gelötetem Blei, Schöpfwerke bis 40 Meter Tiefe, Schraubenpresse für Öl und Wein, Glasschnitt und -schliff, Taschensonnenuhren, Wachskerzen und Eisenfeile.

# Die verrückten Himmelshunde – Luftschiffe und Flugzeuge

**Dädalus und Ikarus waren nicht die Einzigen: In der Mythologie der meisten alten Völker kam irgendwo der Traum vom Fliegen vor. Auch Erfinder wie Leonardo da Vinci, denen noch alle technischen Voraussetzungen fehlten, beschäftigten sich eingehend mit der Möglichkeit, sich durch die Luft zu bewegen. Das erste Fluggerät war dann der Fallschirm.**

## Gefahrloser Absprung

Die Idee des Fallschirms stammte von Leonardo da Vinci. Er meinte: »Wenn sich ein Mensch mit einer Kuppel aus Stoff ausrüstet, die auf einen Rahmen gespannt ist, könnte er ohne Gefahr von jeder Höhe herunterspringen«, schrieb der Meister bereits im Jahr 1495. Möglicherweise hatte dies sein Landsmann Fausto Veranzio ausprobiert. Jedenfalls verfasste dieser im Jahr 1616 eine Abhandlung, die erstaunlich praxisnah klingt. So warnte Veranzio beispielsweise, dass es einige Zeit dauern würde, bis sich unter dem Schirm genug Luft verdichtet.

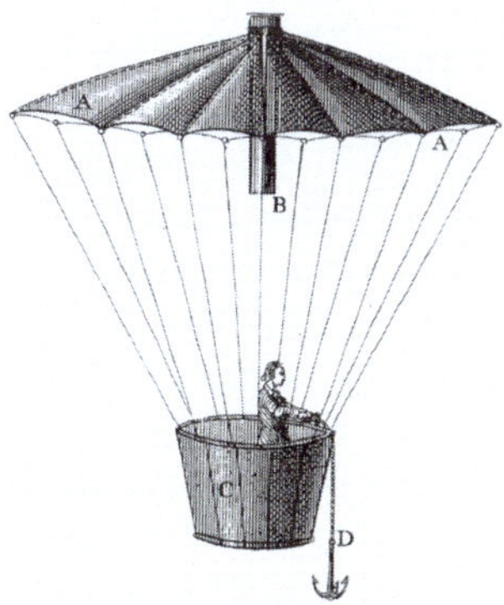


**Die erste Anwendung fand der Fallschirm bei den frühen Ballonfahrern, die ihn als Rettungsgerät an Bord nahmen**

**FÜR BESSERWISSER**

### Rettungsgerät

**Lenormand stellte sich vor, der Fallschirm könne Menschen bei Bränden aus den immer höher werdenden Häusern retten. Tatsächlich wurde der Schirm zum Rettungsgerät der Ballonfahrer. 1785 war der Franzose Jean-Pierre Blanchard der Erste, der sich damit aus seinem überhitzten Ballon retten konnte.**

Sichere Kunde über ein derartiges Hilfsmittel zum Fliegen gibt es jedoch erst aus dem 18. Jahrhundert: Joseph Michel Montgolfier stürzte sich mit einem Fallschirm vom Dach seines Hauses. Danach verbot ihm seine entsetzte Familie weitere Absprünge. Auch sein Kollege Louis-Sebastien Lenormand fing klein an, indem er mit zwei kleinen Schirmen von einem Baum sprang. Dann aber wagte er 1783 den Absprung vom Turm des Observatoriums in Montpellier.

### Mit heißer Luft nach oben

Joseph Michel Montgolfier und sein Bruder Étienne Jacques hatten eine besondere Vorstellung vom Fliegen. Die beiden Brüder, wohlhabende Erben einer Papierfabrik, bauten nach Experimenten mit kleinen Papierballons einen großen Heißluftballon. 1783 wagten sie die öffentliche Vorführung in Lyon. Der König zitierte die Brüder sofort nach Paris, wo sie einen riesigen, prächtig geschmückten Ballon in den Himmel hochsteigen ließen, der in einem Korb einen Hammel, einen Hahn und eine Ente mitführte. Die Tiere landeten nach acht Minuten wohlbehalten in einer Entfernung von drei Kilometern wieder auf sicherem Boden.

Unter den Zuschauern war der Physiker Jean-François Pilâtre de Rozier. Er kletterte einen Monat später in den angeleinten Heißluftballon, den so genannten Montgolfière, und stieg als erster Mensch in den Himmel auf. Kurze Zeit später unternahm er mit Jean-François d'Arlandes den ersten bemannten Ballonflug der Geschichte. Unmittelbar darauf segelte der Physikprofessor Jacques Charles in einem selbst konstruierten, mit Wasserstoff gefüllten Ballon zwei Stunden durch die Luft.

Die Faszination des Ballonsports griff schnell um sich. 1785 flog Jean-Pierre Blanchard über den Ärmelkanal, der Frankreich von Eng-

**FÜR BESSERWISSER**

**Irrtum**

**Die Brüder Montgolfier hatten keine Ahnung, dass heiße Luft leichter als kalte ist. Sie glaubten, der Rauch des Feuers treibe den Ballon nach oben. Je dicker und stinkender, desto besser. Bei der Vorführung vor dem König sollen deshalb neben Stroh auch Wolle, alte Schuhe und gammliges Fleisch verbrannt worden sein.**

land trennt. Pilâtre de Rozier kam wenig später bei demselben Versuch um. 1804 fand der erste wissenschaftliche Ballonaufstieg statt. Die Physiker Joseph Gay-Lussac und Jean-Baptiste Biot maßen dabei Temperatur, Luftdruck und Luftzusammensetzung in 4 000 Meter Höhe.

Lange Zeit jedoch scheiterten alle Versuche, schnellere, stärkere und gut lenkbare Ballons zu konstruieren. Erst 1898 machte sich Graf Ferdinand von Zeppelin, aufbauend auf den Erfahrungen seiner Vorgänger, systematisch an die Entwicklung von zigarrenförmigen Luftschiffen mit einem starren Aluminiumgerippe. 1900 flog der erste Zeppelin über den Bodensee. Die kommerzielle Personenbeförderung begann 1910. Sie endete 27 Jahre später, als 1937 die »Hindenburg« aus ungeklärten Gründen Feuer fing. Amerikanische Versuche in den siebziger Jahren des 20. Jahrhunderts, die Technik wiederzubeleben, scheiterten ebenso wie der Plan, in Brandenburg einen Cargolifter für schwere Lasten zu bauen.

**Zeppelinähnliche Gefährte hatten im 19. Jahrhundert eine weitaus größere Bedeutung als heute**

**Fliegen wie die Vögel**

Währenddessen scheiterten alle anderen Versuche, aktiv zu fliegen. Warum können es aber die Vögel, die doch auch schwerer als Luft sind? Ende des 18. Jahrhunderts studierte der britische Gelehrte Sir George Cayley das Flugverhalten von Vögeln und entdeckte dabei die Gesetze der Aerodynamik: Bedingt durch deren Form strömt die Luft an den Oberseiten der Flügel schneller als an der Unterseite. Dadurch erhöht sich der Luftdruck über den Flügeln, während er darunter sinkt. Auf diese Weise entsteht ein Sog, der für Auftrieb sorgt. Basierend auf dieser Entdeckung begann George Cayley 1809 mit dem Bau einer ganzen Serie von Flugapparaten mit großen gebogenen Flügeln.

Der nächste von der Flugidee Besessene war Otto Lilienthal. Er begann mit 43 Jahren als erfolgreicher Fabrikbesitzer damit, seinen Traum vom Fliegen zu verwirklichen, indem er immer bessere Gleiter entwarf und testete. Über seine Erfahrungen publizierte er ausführlich, bis er 1896 – bei einem Absturz – tödlich verunglückte.

**FÜR BESSERWISSER**

**Sechs Millionen für einen Mythos**

**Die »fliegenden Zigarren« waren ungeheuer populär unter der Bevölkerung. Als 1908 der vierte Zeppelin durch einen Sturm zerstört wurde, demonstrierten Tausende in Friedrichshafen ihre Solidarität. Eine spontane Spendenaktion brachte 6 Millionen Mark ein. Zeppelin gründete damit eine Firma, aus der später ein großer Luftfahrt- und im Zweiten Weltkrieg auch Rüstungskonzern wurde.**

**Mit Motor**

Gustav Weißkopf hatte zusammen mit Lilienthal am Bau von Segelfliegern experimentiert. 1895 wanderte er in die USA aus und versuchte es dort mit dem Einbau eines Motors. Mit einem ersten – viel zu schweren – Dampfgleiter landete er 1899 an einer Hauswand und wurde polizeilich aus Pittsburgh verwiesen. Mit seinem Modell »Nr. 21«, das von einem selbst konstruierten Benzinmotor angetrieben wurde, flog er am 14. August 1901 in Bridgeport/Connecticut vor rund 20 Zeugen etwa 15 Meter hoch und 850 Meter weit. 1902 schaffte er mit der »Nr. 22« immerhin 11 Kilometer, stürzte aber

**Otto Lilienthal war besessen von der Idee zu fliegen – eine Tatsache, die ihn letztlich das Leben kostete**

über dem Meer ab. Er wurde gerettet, aber sein Flugzeug nicht. Gesundheitlich und finanziell angeschlagen bastelte Weißkopf weiter, hatte jedoch keinen Erfolg mehr und geriet bald in Vergessenheit.

Auch die Brüder Wilbur und Orville Wright waren vom Fliegen fasziniert. Sie studierten vor allem Lilienthals Schriften, aber auch alles andere, was sie in die Finger bekommen konnten. Besonders beschäftigte sie die Frage der Stabilität der Fluggeräte. Sie entwickelten nach Modellversuchen im Windkanal eine Schwanzsteuerung und verstellbare Querruder an den Tragflügelenden. 1903 flogen sie mit ihrem Doppeldecker in Kitty Hawk/North Carolina in 59 Sekunden 225 Meter weit. Im Gegensatz zu Weißkopf gelang es ihnen jedoch, ihre Flugübungen populär zu machen. Sie entwickelten ihr Flugmodell weiter, traten auf Flugschauen auf und absolvierten Rekordflüge von über 2 Stunden Dauer.

### FÜR BESSERWISSER

**Fliegende Menschen**

Wahrscheinlich war nicht Otto Lilienthal der erste Flieger, sondern ein zehnjähriger Junge, der 1849 mit Cayleys Fluggerät, einer Art Gleitschirm, gesegelt sein soll. Drei oder vier Jahre später überredete der 80-jährige Cayley dann seinen Kutscher John Appleby zu einem Flug. Dieser segelte rund 150 Meter weit, landete dann aber reichlich unsanft und gab seinem Dienstherren zu verstehen, dass er zum Fahren und nicht zum Fliegen angestellt sei.

# Kampf gegen die Krankheit – Impfstoffe und Medikamente

**Während die meisten anderen Erfindungen neue Möglichkeiten eröffnen, dienen viele Erfindungen der Medizin dazu, Schlimmes zu verhindern. Bis ins 18. Jahrhundert musste man sich auf die Kräfte seines Körpers verlassen, wenn man krank wurde. Allein an Pocken starben jedes Jahr in Europa etwa 400 000 Menschen, vor allem Kinder unter zehn Jahren.**

### Die ersten Impfungen

Eine Vermutung, dass abgeschwächte Erreger das Potential hatten, vor einer Krankheit zu schützen, hatte man im Orient, in China und in Indien bereits seit dem 1. Jahrtausend v. Chr. Daher wurde Pockenschorf von den Erkrankten entweder geschnupft oder mit einer Nadel auf kleine Wunden übertragen. Diese »Impfung« gegen die Infektionskrankheit ging nicht immer gut aus. Manche Menschen besiegten die Krankheitskeime, andere starben. 1718 lernte die britische Botschaftergattin und Schriftstellerin Maria Wortley Montagu dieses Verfahren in Istanbul kennen und ließ ihre Kinder impfen, worauf die meisten ihrer Bekannten sie für verrückt erklärten. Doch selbst ein Monarch wurde überzeugt: Georg I., König von Großbritannien und Irland, ordnete Tests an Waisen und Verbrechern an, woraufhin er ebenfalls seine Enkel impfen ließ.

### Riskantes Experiment

Auch der englische Landarzt Edward Jenner kannte diese umstrittene Praxis, als er die Entdeckung machte, dass Melker, die bereits die harmlosen Kuhpocken überstanden hatten, gar nicht oder nur leicht an Pocken erkrankten. Er entschloss sich, die orientalische Methode mit Kuhpocken zu kopieren. 1796 infizierte er den achtjährigen James Phipps damit. Der Junge bekam tatsächlich die Kuhpocken, sie klangen jedoch relativ schnell wieder ab. Nun wagte Jenner den gefährlicheren Teil seines Experiments. Er infizierte James mit dem echten Pockenerreger. Der gewagte Versuch ging gut aus und das Kind blieb gesund. 1798 publizierte Jenner seine Ergebnisse. In der Folge verbreitete sich die Pockenschutzimpfung sehr schnell.

### Den Erregern auf der Spur

Jenner hatte noch keine Vorstellung von dem, was er tat. Weder wusste er, dass er den Organismus zur Bildung von Antikörpern animierte, noch wie der Pockenerreger aussah. Erst Louis Pasteur identifizierte Mikroorganismen als Erreger von Fäulnis und Krankheiten. Zunächst beschäftigte sich der Physiker mit dem Verderb von Lebensmitteln. 1857 erfand er die »Pasteurisierung«, ein Verfahren, das durch kurzes Hocherhitzen unerwünschte Keime abtötet, ohne das Produkt wesentlich zu verändern.

1865 brachten Pasteur kranke Seidenraupen auf die Idee, dass ansteckende Krankheiten ebenfalls durch Mikroorganismen übertragen werden könnten. 1867 entdeckte er die Milzbrandbakterien. Nach vielen Jahren der Forschung stellte er fest, dass alte Bakterien ihre Wirkung verlieren. Aus diesen alten und abgestorbenen Bakterien züchtete er Kulturen und begann 1881, Schafe mit abgeschwächten Milzbranderregern zu impfen. Sie überlebten die anschließende Milzbrandinfektion, während seine ungeimpfte Kontrollgruppe einging. Danach zog Pasteur fast ein Jahr übers Land, um Schafe zu impfen. Er entwickelte außerdem Impfstoffe gegen die Tollwut.

### Heilsamer Schimmel

Pasteur entdeckte weiterhin, dass Schimmelpilze das Potenzial haben, Bakterien zu vernichten. Er sah die Möglichkeit, damit bereits ausgebrochene Krankheiten zu

**FÜR BESSERWISSER**

**Siegeszug der Hygiene**

**Bis zur Mitte des 19. Jahrhunderts spielten Reinlichkeit und Desinfektion in der Medizin keine Rolle, beispielsweise wurden die gleichen Operationsinstrumente für mehrere Patienten verwendet. Dank Louis Pasteurs Erkenntnissen begannen die Ärzte jedoch, die Notwendigkeit der Hygiene einzusehen. Was vorher schon Praktiker wie die Krankenschwester Florence Nightingale – meist vergeblich – gepredigt hatten, war nun wissenschaftlich untermauert: Mit Sauberkeit und Hitze ließen sich Krankheitserreger bekämpfen.**

bekämpfen. Doch er scheiterte an der Umsetzung. Oft waren mangelnde finanzielle Mittel für die aufwändigen und langwierigen Versuche das Problem.

Im Jahr 1929 kam der Zufall zu Hilfe. Der britische Bakteriologe Alexander Fleming vergaß bei seinen Forschungen an Staphylokokken, seine Bakterienkultur zu kühlen. Als ihm dies nach einiger Zeit auffiel, stellte er fest, dass ein Teil der Bakterien abgestorben und von einem grünlichen Schimmelpilz überzogen war. Bei seinen weiteren Forschungen machte Fleming die erfreuliche Feststellung, dass der zufällig entdeckte Pilz »Penicillium notatum« die entscheidende Voraussetzung erfüllte, um als Medikament dienen zu können: Er war für den menschlichen Organismus ungefährlich, brachte aber Erreger von Milzbrand- und Diphtherie zum Absterben.

### Gewinnung von Penicillin

Allerdings gelang es Fleming nicht, die bakterientötende Säure aus dem Pilz zu isolieren, um sie industriell herstellen zu lassen. Und in diesem Stadium stieß seine Entdeckung nur auf müdes Interesse in der Fachwelt. Erst 1938 nahm ein britisches Forscherteam die Arbeit wieder auf und isolierte die Säure. Mit Unterstützung der amerikanischen Regierung begann die künstliche industrielle Produktion von Penicillin. Das Medikament wurde ab 1944 für die Streitkräfte der USA und nach dem Krieg für die Allgemeinheit eingesetzt.

Penicillin heilt viele, jedoch nicht alle Krankheiten. So suchten die Forscher nach neuen Antibiotika, was teilweise sehr aufwändig war, denn nicht jeder Pilz, der Bakterien vernichtet, schont den menschlichen Organismus. Als weiterer Meilenstein gilt die Entdeckung des Streptomycins 1946 durch die US-Biochemiker Albert Schatz und Selman Abraham Waksmann. Innerhalb von zehn Jahren konnte mit diesem Wirkstoff die Tuberkulose praktisch ausgerottet werden.

**FÜR BESSERWISSER**

**Die Chemie war schneller**

**Bevor Fleming den Penicillinpilz entdeckte, war es bereits gelungen, ein chemisches Antibiotikum herzustellen: Der Chemiker Paul Ehrlich hatte 1907 Salvarsan als Mittel gegen Syphilis synthetisiert.**

# Eine neue Dimension der Kommunikation – die Telegraphie

**Bis in das 19. Jahrhundert musste man sich in Hörweite der Leute befinden, mit denen man etwas zu bereden hatte. Die Ausnahme bildeten Rauch- oder Trommelsignale, aber auch riesige bewegliche Zeigertelegraphen, wie sie beispielsweise der Franzose Claude Chappe Ende des 18. Jahrhunderts erfunden hatte. Erst die Entdeckung des Elektromagnetismus eröffnete neue Kommunikationsmöglichkeiten.**

**Der Austausch von Nachrichten**

Die Idee, elektrische oder elektromagnetische Signale zur Fernübermittlung von Nachrichten zu benutzen, hatten zu Beginn des 19. Jahrhunderts mehrere Erfinder. Aber den ersten in der Praxis vernünftig funktionierenden Telegraphen bauten Carl Friedrich Gauß und Wilhelm Weber.

Gauß war vermutlich einer der größten Mathematiker aller Zeiten, seine Begabung zeigte sich schon in der Volksschule. Seine Mutter war ein Dienstmädchen, das kaum lesen und schreiben konnte. Gauß hatte Glück und wurde schon als 14-Jähriger von Herzog Carl Wilhelm Ferdinand von Braunschweig unterstützt. Später wurde er Professor in Göttingen und Direktor der dortigen Sternwarte. Er machte bahnbrechende Entdeckungen auf dem Gebiet der Mathematik, doch ein Erfinder war er eigentlich nicht. Wie so viele geniale Wissenschaftler fand er jedoch die Anforderungen des Alltags lästig, wenn sie seine Forschung störten, etwa die Tatsache, dass er zum Austausch mit Kollegen umständlich Treffen anberaumen und Fußwege in Kauf nehmen musste.

**Die erste Telegraphenleitung**

Zusammen mit dem Physikprofessor Wilhelm Weber bastelte er deshalb 1833 aufwändige Sende- und Empfängerapparaturen und ließ zwei Drähte über die Hausdächer von Göttingen spannen, um das Physikalische Kabinett und die

Sternwarte, die einige Kilometer auseinander lagen, zu verbinden. Die Nachrichten wurden durch einen Taktgeber gesendet und beim Adressaten durch den Ausschlag einer Nadel angezeigt. Zuvor meldete eine Glocke die eintreffende Nachricht an.

### Der Unternehmer

Der amerikanische Kunstprofessor Samuel Morse befand sich 1932 auf der Heimreise von Europa nach Amerika, als er auf dem Schiff erstmals von der Idee der Telegraphie hörte. Er war sofort begeistert und fing an, sich damit zu beschäftigen. Als Autodidakt bastelte er einen zwei Zentner schweren Schreibtelegraphen aus einfachen Materialien. Versendet wurden die Nachrichten mittels eines Schalters, mit dem man den Stromfluss unterbrechen konnte. Am Empfänger kritzelte ein elektromagnetisch gesteuerter Stift Zickzackzeichen auf das Papier, die für die verschiedenen Buchstaben standen.

1937 sah der Student Alfred Vail eine Vorführung dieses Geräts an der New Yorker Universität und wurde von der Idee angesteckt. Er bot Morse seine volle Unterstützung an, darunter auch eine Finanzspritze in Höhe von 2 000 Dollar von seinem Vater, einem wohlhabenden Bergwerksbesitzer. In den folgenden Jahren entwickelte Morse zusammen mit Vail einen verbesserten Apparat, wobei wohl die meisten Neuerungen von dem technisch versierteren Vail stammten.

Begeistert und umtriebig wie er war, setzte Samuel Morse alles daran, Unterstützer für die neue Technik zu finden. 1843 bewilligte der amerikanische Kongress 30 000 Dollar für den Bau einer rund 60 Kilometer langen Leitung von Washington nach Baltimore. 1844 übermittelte Morse zum ersten Mal in der Geschichte eine direkte Nachricht über eine solche Entfernung.

**FÜR BESSERWISSER**

**Pleite bei der Eisenbahn**

**Gauß und Weber hatten keine Lust, sich weiter der Telegraphie zu widmen. Als die Eisenbahngesellschaft Leipzig-Dresden Interesse an ihrer elektromagnetischen Telegraphenverbindung äußerte, verwiesen sie auf ihren ehemaligen Schüler Carl August von Steinheil als Ansprechpartner. Doch sein Telegraph funktionierte nicht und so verlor die Gesellschaft das Interesse daran.**

# Worte aus dem Nichts – die Übertragung der Töne

**Dass Töne sich in Wellen ausbreiten, war im 19. Jahrhundert kein Geheimnis mehr. Schon Leonardo da Vinci hatte dies beobachtet. Nach ihm versuchten viele Wissenschaftler dem Charakter dieser Wellen auf die Spur zu kommen. Aber es waren die Praktiker, die als Erste versuchten, Schallwellen umzuwandeln und über große Entfernungen zu übertragen.**

## Der Streit ums Telefon

Johann Philipp Reis war Physiklehrer an einer Privatschule im Taunus und bei seinen Schülern wegen seiner praktischen Experimente beliebt. Vor allem beschäftigte ihn die Idee, Schallwellen in elektrische Signale zu übersetzen. So bastelte er ein Kästchen mit einem aus Holz geschnitzten Ohr, über das er eine Wurstpelle als Membran spannte. Die Schwingungen der Membran setzten eine Feder in Bewegung, die einen Stromkreis öffnete und schloss. Als Empfänger setzte er eine mit Kupferdraht spulenförmig umwickelte Stricknadel in einem hölzernen Resonanzkasten ein. Diese geriet im Rhythmus der ankommenden Stromsignale in Schwingung und machte die Laute wieder hörbar. Die Sache funktionierte und Reis' Schüler waren begeistert. 1861 führte der Lehrer seine Erfindung dem Physikalischen Verein in Frankfurt vor. Dort aber gab es für die verzerrten Laute aus dem primitiven Apparat nur müden Applaus. Reis' Bemühungen, seine Erfindung doch noch bekannt zu machen, wurden durch seine Tuberkuloseinfektion gestoppt. Er starb im Alter von 40 Jahren.

**Ohne die Erfindung des Telefons wäre das heutige Alltagsleben kaum vorstellbar**

### Die Versuche von Elisha Gray

Jenseits des Atlantiks arbeitete Elisha Gray an derselben Idee. Doch anstatt den Stromfluss immer wieder zu unterbrechen, was bei Reis' Apparat zu der schlechten Sprachqualität führte, integrierte er einen Stabmagneten mit Induktionsspule in den Hörer. Die unterschiedliche Frequenz der Schallwellen veränderte das Magnetfeld und damit die Stärke des Stromflusses. Als Gray seinen Apparat 1876 zum Patent anmelden wollte, erlebte er eine böse Überraschung. Nur zwei Stunden vorher hatte der Taubstummenlehrer Alexander Graham Bell einen ähnlichen Antrag gestellt. Einige Wochen später wurde Bell das Patent zugesprochen.

### Ohne Kabel

1887 verfügten alle großen Städte über ein Fernsprechnetz. Damals legte der Physiker Heinrich Hertz die Grundlage für eine drahtlose Tonübertragung, indem er die Existenz elektromagnetischer Wellen nachwies. 1888 konstruierte er einen »Resonator«, der die Wellen künstlich erzeugen konnte. Gleichzeitig baute sein französischer Kollege Édourd Branly einen Detektor, um die Wellen aufzuspüren.

### ➤ Alexander Bell

**Der Schotte Alexander Graham Bell galt lange Zeit als Erfinder des Telefons, inzwischen ist dies jedoch umstritten. Zweifellos hatte Bell mit der Telefontechnik experimentiert, aber in seinem Patentantrag formulierte er nur die Idee dazu. Das Telefon, das er einen Monat später vorführte, schien wenig mit seinem Antrag zu tun gehabt zu haben und enthielt wohl die Elemente von Gray. Zudem war Bell wahrscheinlich im Besitz von Unterlagen über einen Apparat, den 1854 der Theatermechaniker Antonio Meucci für seine bettlägerige Frau gebastelt hatte. Die schöpferischen Ideen Bells sind umstritten, vielleicht überließ er die technische Seite bei der Telefonentwicklung sogar seinem Assistenten Thomas Watson, während er sich mit großer Energie um die Vermarktung seiner Produkte kümmerte. Es gab fast 600 Prozesse gegen Bells Patent, die er alle gewann. In Deutschland galt sein Anspruch jedoch nicht, und so konnte die Firma Siemens & Halske schon 1877 verbesserte Telefone verkaufen.**

### Nikola Tesla

**Der serbische Erfinder wurde 1856 in Österreich-Ungarn geboren. Von ihm stammten die technischen Grundlagen des Wechselstromsystems. Daneben machte er weitere wichtige Erfindungen wie die Leuchtstoffröhre, von denen er jedoch viele nicht patentieren ließ. Marconi ließ er zunächst gewähren, verklagte ihn aber 1915 doch noch wegen Patentverletzung. Tesla soll ein Exzentriker gewesen sein, der leicht zu beleidigen war und eine Reihe merkwürdiger Gewohnheiten hatte. Er starb 1943 in New York und hinterließ hohe Schulden.**

Alexander Popow, ein Assistent an der russischen Torpedobootschule Kronstadt, empfing mit einem solchen Detektor, den er mit einer hohen Antenne ausrüstete, elektrische Ladungen von Gewitterwolken und konnte so frühzeitig vor Unwettern warnen. Dabei kam ihm die Idee, mit Hilfe künstlich erzeugter elektromagnetischer Wellen Morsezeichen zu senden. Schließlich waren vor allem Schiffe, zu denen sich keine Kabel legen ließen, auf Unwetterwarnungen angewiesen. Der Versuch glückte: Über eine Entfernung von 250 Metern funkte Popow die verschlüsselten Worte »Heinrich Hertz«.

#### Die Konstruktion des Radios

Parallel dazu konstruierte Nikola Tesla das erste Radiogerät, das jedoch 1895 durch einen Brand vernichtet wurde. Die Entwicklung wurde von dem jungen Italiener Guglielmo Marconi weitergetrieben, der es schaffte, über immer größere Entfernungen elektrische Impulse zu übertragen. 1901 präsentierte er ein deutlich einfacheres Gerät als Tesla, für das er aber – wie Tesla meinte – 17 von dessen Patenten verwendet hatte. Noch im gleichen Jahr wurde mit dem Apparat eine Funkverbindung zwischen Cornwall und Neufundland eingerichtet.

Marconis System wurde von Karl Ferdinand Braun deutlich verbessert. Braun gelang es 1898, gerichtete Wellen auszustrahlen. Um 1920 konnte er mit Hilfe einer Elektronenröhre die feineren Schwingungen menschlicher Sprache so verstärken, dass sie gut hörbar waren.

## Erfindungen der Chinesen

Die Chinesen waren vermutlich die Ersten, die um 1100 v. Chr. einen Abakus entwickelten. Dieses Rechenbrett mit seinen bunten Steinchen erscheint heute simpel, doch in der Frühgeschichte mussten die Menschen erst einmal rechnen lernen. Hinter dem Abakus steckt eine im Grunde geniale Idee: das Stellenwertsystem.

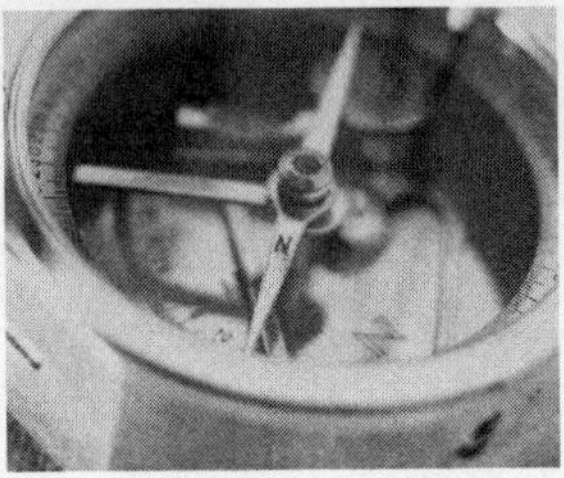

**Der Kompass geht auf eine Erfindung der Chinesen zurück**

Dass man nicht für jede Zahl ein Zeichen braucht, sondern eine 1 nur dann 1 bedeutet, wenn sie ganz rechts in einer Zahl steht, aber 10, 100 oder 1000, wenn sie an zweiter, dritter oder vierter Stelle von rechts aus steht, ist eine Erfindung, auf die man erst einmal kommen muss. Sie entwickelte sich aus dem Rechnen mit dem Abakus, bei dem für je zehn Steinchen in der ersten Reihe eines in der zweiten verschoben wurde. Erst damit wurden große Zahlen handlich. In Europa, wo man lange Zeit die römischen Zahlen verwendete, die nicht auf einem Stellenwertsystem beruhen, war der Abakus bis ins 16. Jahrhundert in Gebrauch. In manchen Gegenden der Welt ist er es noch heute.

Vor allem aber erfanden die Chinesen viele Werkstoffe. Da ist zum einen die Seide. Der Legende nach soll sie im 3. Jahrtausend v. Chr. von einem halbgöttlichen Kaiser erfunden worden sein. Sicher ist, dass die Chinesen ab 1500 v. Chr. wussten, wie man Maulbeerseidenspinner züchtete, Seide gewann und verarbeitete. In diesem Zusammenhang wurde auch das Spinnrad erfunden. Die Ausfuhr von Seidenspinnern war bei Todesstrafe verboten. Erst im 6. Jahrhundert n. Chr. wurden die ersten nach Byzanz geschmuggelt.

Ein ebenso strenges Staatsgeheimnis war die Herstellung von Porzellan. Schon im 1. Jahrtausend v. Chr. gelang es den Chinesen, immer feinere Tonerzeugnisse herzustellen. Im 7. Jahrhundert n. Chr. fanden sie eine Mischung aus Kaolin, Quarz und Feldspat, die bei hohen Temperaturen weiß brannte. In der Folge entwickelten sie elegante, in verschiedensten Farben glasierte Porzellangegenstände. Im 17. Jahrhundert kamen diese Gefäße erstmals an die europäischen Fürstenhöfe und erregten den Neid der dortigen Herrscher. Obwohl den europäischen Hofalchimisten gehörig Druck gemacht wurde, gelang es dem Sachsen Johann Friedrich Böttger erst 1708, dem Geheimnis des Porzellans auf die Spur zu kommen und im sächsischen Meißen die erste Manufaktur einzurichten.

Etwa im 4. Jahrhundert v. Chr. erfanden die Chinesen den Kompass. Sie schnitzten Magneteisen in Löffelform und legten es dann auf glatt polierte Steinplatten, wo es sich mit den Enden gegen den Pol drehte. Der Kompass kam im 12. oder 13. Jahrhundert über die Araber nach Europa.

Im 9. Jahrhundert wurde das Schießpulver erfunden. Chinesische Alchimisten stellten die hochexplosive Mischung aus Salpeter, Schwefel und Holzkohle her. Im 10. Jahrhundert wurde das »fliegende Feuer« zur Kriegsführung eingesetzt. Im 12. Jahrhundert erfanden die Chinesen Handfeuerwaffen, im 13. Jahrhundert Musketen und Kanonen. Ende des 14. Jahrhunderts soll der Mandarin Wan Hu versucht haben, in einem Kastendrachen, der von 47 übermannsgroßen Raketen angetrieben wurde, zu fliegen, doch ohne Erfolg. Um diese Zeit soll der Freiburger Mönch Berthold Schwarz die ersten funktionierenden Kanonen Europas gebaut haben. Schwarz wurde angeblich von der Inquisition hingerichtet, die Kanone soll aber im Hundertjährigen Krieg (1337–1453) zwischen England und Frankreich erstmals in großem Stil eingesetzt worden sein.

Weitere chinesische Erfindungen: gedrehtes Hanfseil (um 2800 v. Chr.), Papierdrachen, Armbrust (um 1000 v. Chr.), Eisenguss (8. Jahrhundert v. Chr.) und Kurbel (1. Jahrhundert v. Chr.).

# Die Bannung der Bilder – Fotografie, Film und Fernsehen

**Bereits um das Jahr 1000 erkannte der persische Gelehrte Ibn al-Haitham, dass Lichtstrahlen, die durch ein kleines Loch in ein dunkles Kästchen fallen, dort umgekehrte Bilder von beleuchteten Gegenständen projizieren. Lange Zeit war diese »Camera obscura« ein beliebtes Spielzeug. Doch erst zu Beginn des 19. Jahrhunderts eröffneten sich technische Möglichkeiten, um die projizierten Bilder dauerhaft festzuhalten.**

### Der Weg zum Foto

1727 entdeckte der Anatomieprofessor Johann Heinrich Schulze bei Versuchen zufällig, dass sich Silberverbindungen unter Lichteinwirkung verdunkeln. Er projizierte mit Hilfe von Schablonen Muster auf das Silber. Aber es dauerte noch rund 100 Jahre, bis der Franzose Joseph Nicéphore Niepce ernsthaft versuchte, Bilder auf einer chemisch behandelten Platte festzuhalten. Niepce benutzte dazu polierte Zinnplatten, die er mit einem Belag aus pulverisiertem, in Lavendelöl und Terpentin aufgelöstem Asphalt beschichtete. Dieser Belag blich bei Belichtung aus. Mit Joddämpfen gelang es Niepce, den Kontrast zu verstärken. 1822 hielt er eine Aussicht aus seinem Fenster fest: das erste Foto der Welt. Die Belichtungszeit dafür hatte acht Stunden betragen.

> **FÜR BESSERWISSER**
>
> **Der erste Diaprojektor**
>
> 1665 erfand der dänische Mathematiker Thomas Walgenstein ein Gegenstück zur »Camera obscura«: die »Laterna magica«, die »magische Laterne«. Sie bestand aus einer Linse und einer Lichtquelle. Der Jesuitenpater Athanasius Kirchner untermalte mit diesem Gerät seine Predigten, indem er bemalte Glasscheiben kopfüber vor die Linse hielt. Die Bilder wurden publikumswirksam – groß und aufrecht stehend – an die Wand projiziert.

Von diesem Verfahren erfuhr der Bühnen- und Dekorationsmaler Louis Jacques Mandé Daguerre. 1829 konnte er Niepce endlich zu gemeinsamen Forschungen überreden. Doch erst nach dessen Tod entdeckte er ein besseres Verfahren. Er benutzte versilberte Kupferplatten, die mit Joddampf lichtempfindlich gemacht worden waren. Nach der Belichtung ließ Quecksilberdampf das Bild sichtbar werden, konserviert wurde es mit Hilfe einer Kochsalzlösung. 1837 entstand die erste »Daguerreotypie« – eine Weiterentwicklung der Fotografie von Niepce. Zwei Jahre später wurde dieses fotografische Verfahren mit Metallplatten in Paris in einer großen »Pressekonferenz« der Öffentlichkeit vorgestellt.

### Die Vervielfältigung

1839 gelang es dem englischen Physiker, Chemiker und Sprachwissenschaftler William Fox Talbot, von einem Bild mehrere Abzüge zu machen, indem er seine Aufnahmen auf Silbernitratpapier bannte, dieses dann mit Wachs durchscheinend machte und auf Silberchloridpapier übertrug.

Doch noch immer waren grelles Sonnenlicht und eine Viertelstunde Belichtungszeit für eine einzige Aufnahme nötig. Porträtaufnahmen ließen sich damit nicht umsetzen – bis Frederick Scott Archer, ein Bildhauer, 1851 das Filmmaterial mit einer zähflüssigen Lösung namens Kollodium lichtempfindlicher machte. Dadurch verringerte sich die Aufnahmezeit auf weniger als fünf Minuten.

Massentauglich wurde die Fotografie durch den Zelluloidrollfilm, den der amerikanische Geistliche Hannibal Goodwin 1887 erfand.

### ➤ Die Last der Kamera

**Um ein Foto zu erhalten, musste die Kollodiumschicht entwickelt werden, bevor sie trocken war. Für Fotoenthusiasten, die im Freien fotografierten, hieß das, stets über 50 Kilo Gepäck mit sich herumzutragen, darunter ein Dunkelzelt zum Entwickeln. Trotz des hohen Gewichts wurden solche Ausrüstungen bis ins Hochgebirge geschleppt. 1858 entwickelte der Fotograf Gaspard Félix Tournachon Nadar die weltweit ersten Luftaufnahmen, die er aus einem Ballonkorb in 300 Meter Höhe gemacht hatte.**

**Auguste und Louis Lumière konstruierten den ersten Kinematographen**

Sein Landsmann George Eastman focht das Patent an. Währendessen produzierte seine Firma »Kodak« unter dem Slogan »Sie drücken auf den Knopf, wir erledigen das Übrige!« in großer Menge Rollfilme und Rollbildkameras. Erst 1914 wurde der Patentstreit zugunsten von Goodwin entschieden. Dieser war zwar inzwischen verstorben, dennoch musste Kodak seinen Rechtsnachfolgern mehrere Millionen Dollar Schadensersatz zahlen.

### Die Bilder lernen laufen

Dass Phasenbilder in schneller Folge vor dem Auge zu einer Bewegung verschwimmen, wusste im 19. Jahrhundert jeder, der schon einmal ein Abblätterbuch beziehungsweise ein Daumenkino in der Hand gehabt oder auf dem Jahrmarkt ein Stroboskop, das regelmäßig Lichtblitze erzeugt, gesehen hatte. So blieb es nicht aus, dass immer mehr Tüftler versuchten, mit schnell aufgenommenen Serienfotos eine Bewegung zu suggerieren. Bereits 1893 präsentierte Thomas Alva Edison seinen Kinematographen, einen Guckkasten mit Glühlampe und Elektromotor, in dessen Inneren kurze Rollfilme mit Phasenbildern abgespielt wurden.

Den Durchbruch schafften aber erst die Brüder Auguste und Louis Lumière, die einen neuen Kinematographen entwickelten, mit dem sich die schnellen Bilderfolgen vor großem Publikum an die Wand projizieren ließen. 1895 hielten sie ihre erste Filmvorführung ab. In der Folge drehten sie ungefähr 1 000 kurze Filme über Zugeinfahrten, Familienszenen, Paraden oder Sportereignisse, die in Jahrmarktbuden,

Cafés und Varietés gezeigt wurden. In Deutschland war es dann vor allem der Optiker Oskar Messter, der die Filmtechnik voranbrachte. 1896 brachte er den ersten brauchbaren Filmprojektor auf den Markt und eröffnete in der Berliner Friedrichstraße das erste öffentliche Lichtspieltheater. Kurze Zeit später gründete er ein Atelier, in dem erste Stummfilme entstanden.

### Übertragung per Funk

Zu Beginn des 20. Jahrhunderts konnte man per Funk Töne in alle Welt übertragen. Aber wie war das mit Bildern? Das Prinzip schien klar. Schon 1884 hatte der deutsche Student Paul Gottlieb Nipkow ein System erfunden, Bilder punktweise zu erfassen und in einzelne Informationen zu zerlegen. Das geschah mit einer rotierenden Scheibe, durch deren spiralförmig angeordnete Löcher Licht eindrang. Mit Hilfe einer Selenzelle sollten die Helligkeitswerte in elektrischen Strom umgewandelt werden und im Empfänger wieder in Licht, das durch eine zweite rotierende Nipkow'sche Scheibe gleicher Geschwindigkeit geschickt wurde. Die Sache funktionierte jedoch nicht, weil die Selenzelle die Impulse nicht genau umwandeln konnte. So musste sich Nipkow später als Eisenbahningenieur verdingen und starb 1940 völlig verarmt.

Unterdessen arbeiteten mehrere Tüftler, so der Engländer John Baird, mit der Nipkow-Scheibe weiter. Es gelang ihm 1925, in einem Londoner Warenhaus einen funktionierenden Fernseher vorzuführen. Allerdings rissen die verschwommenen Schattenbilder niemanden vom Hocker.

### Rasante Entwicklung

Der Durchbruch kam, als mehrere Erfinder statt der Nipkow-Scheibe die Braun'sche Röhre zum Erfassen und Wiedergeben der Bilder benutzten. 1906 erzeugte Max Diek-

**FÜR BESSERWISSER**

**Die Berliner Brüder**

**Im Jahr 1895 präsentierten mehrere Erfinder in England, Amerika und Russland Filmapparate, meistens im privaten Kreis. Die erste öffentliche Kinovorstellung gaben wahrscheinlich die Brüder Emil und Max Sklandowsky im Berliner Varieté »Wintergarten« knapp zwei Monate vor den Lumières. Aber die Qualität ihrer Filme war sehr viel schlechter als die der Franzosen.**

### Für Besserwisser

**Die Braun'sche Röhre**

1858 erfanden die Physiker Heinrich Geißler und Julius Plücker eine Vakuumröhre, in der Elektronen zu einem feinen Strahl gebündelt und magnetisch gelenkt wurden. Damit ließen sich elektrische Signale steuern und verstärken. Die Röhre wurde von diversen Forschern verbessert, bevor 1897 der Physiker Karl Ferdinand Braun sie so modifizierte, dass der Strahl auf eine mit fluoreszierender Farbe bestrichene Fläche traf und dort in schneller Folge Lichtpunkte erzeugte.

mann mit der Elektronenröhre die ersten zwanzigzeiligen Schattenbilder. 1924 entwickelte der russisch-amerikanische Physiker Wladimir Kosma Zworykin die erste rein elektronisch funktionierende Fernsehanlage mit einer Braun'schen Röhre. Er vernachlässigte jedoch die Übertragungsqualität der Bilder und wurde von seinen Geldgebern aufgefordert, etwas kommerziell Nützliches zu finden. 1928 konnte das Gerät auf der Berliner Funkausstellung vorgeführt werden.

Parallel dazu arbeitete der deutsche Naturforscher Manfred von Ardenne an einer Fernsehanlage mit Braun'scher Röhre. Er widmete sich ebenfalls der Bildübertragung und erregte 1932 auf der Funkausstellung Aufsehen, als er erstmals gute Bilder zeigte: Die Zeit schattenhaft verschwommener Bilder war vorbei.

### ➤ Manfred von Ardenne

Wie viele Erfinder war auch der 1907 geborene Manfred Baron von Ardenne eines dieser Kinder, die von klein auf im eigenen Labor experimentierten. Während des Ersten Weltkriegs entschlüsselte er abgehörte Funksprüche. Als 15-Jähriger erhielt er sein erstes Patent auf eine verbesserte Elektronenröhre und schrieb zwei Fachbücher über die Funktechnik. Er verließ die Schule und bestritt seinen Lebensunterhalt fortan durch Veröffentlichungen und Erfindungen. Mit 21 Jahren mietete er ein Haus, um darin ein Forschungsinstitut einzurichten und die Fernsehtechnik weiterzuentwickeln. Nach dem Zweiten Weltkrieg arbeitete er an der Entwicklung der russischen Atombombe mit und lebte dann bis 1997 in Dresden, wo er sich vor allem der Medizintechnik widmete. Er brachte es auf rund 600 Erfindungen.

# Zum Rechnen und Schreiben – die maschinelle Datenerfassung

**Der Computer ist heute ein multifunktionelles Kommunikationsinstrument. Entwickelt wurde er als Rechenmaschine. Doch das Bedürfnis, Zahlen, Daten und Texte mit Hilfe von Maschinen zu erfassen, ist weit älter. Die erste Rechenmaschine wurde schon Mitte des 17. Jahrhunderts erfunden.**

**Die mechanischen Rechenhilfen**
Vor gut 300 Jahren waren Automaten groß in Mode. Die Fürsten ließen sich von ihren Maschinenbauern schnatternde Enten, Musikapparate und andere Spielereien konstruieren. Kein Wunder, dass auch Erfinder auf die Idee kamen, den einfachen Abakus – ein Rechenbrett aus der Antike – endlich durch eine leistungsfähigere Rechenhilfe zu ersetzen. So zum Beispiel Wilhelm Schickard. Er war nicht nur Theologe, sondern auch Professor für Mathematik und Astronomie an der Universität Tü-

## ➤ Der Binärcode

Gottfried Wilhelm Leibniz erfand für seine Rechenmaschine einen Steuermechanismus, mit dem heute alle Computer arbeiten, nämlich das Binärsystem. Jede Zahl wird hierbei als eine Folge von Nullen und Einsen ausgedrückt. Seine Theorien dazu muten aus heutiger Sicht recht abstrus an. Der Philosoph schwärmte davon, dass die Null die Leere des Teufels ausdrücke, die Eins aber Gottes Schöpfung, »weil die leere Tiefe und Finsternis zu Null und Nichts, aber der Geist Gottes mit seinem Lichte zum Allmächtigen Eins gehört«. Trotz dieser spirituellen Symbolismen war Leibniz Mathematiker genug, um zu erkennen, dass die üblichen zehn Zahlen das Maschinenrechnen nur unnötig verkomplizierten, während zwei verschiedene Zustände mechanisch sehr leicht ausgedrückt werden können.

bingen. Gerade in der Sternenkunde wurden damals bahnbrechende Beobachtungen gemacht, die komplizierte Berechnungen erforderten. Schickard konstruierte dafür 1623 eine »Rechenuhr«, die mit Zahnrädern, drehbaren Zylindern und Schiebern arbeitete. Der französische Philosoph und Mathematiker Blaise Pascal erbaute für seinen Vater, der Steuerbeamter war, ebenfalls eine Rechenmaschine. Sein deutscher Kollege Gottfried Wilhelm Leibniz tat es ihm gleich.

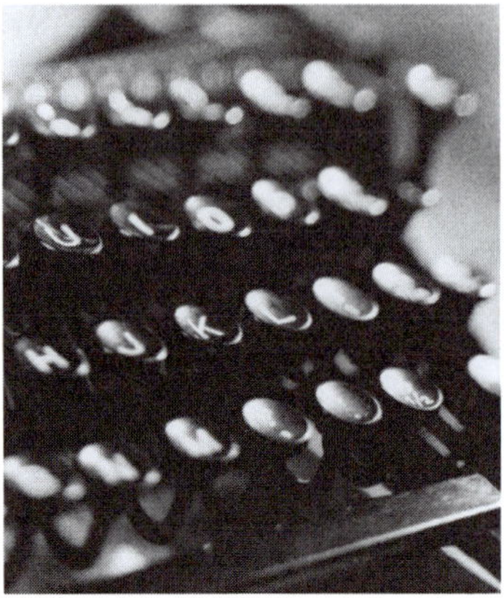

**Die Schreibmaschine ermöglichte eine Beschleunigung des Schreibens sowie erste Kopien mittels Durchschlägen**

## Die Schreibmaschine

1714 erhielt der britische Erfinder Henry Mill ein Patent für einen automatisierten Apparat zur Texterfassung. Doch es gab noch keinen Markt für eine derartige Erfindung und sie geriet in Vergessenheit. Erst im 19. Jahrhundert, als Bürokratie und Schriftverkehr gewaltige Ausmaße angenommen hatten, kam der Wunsch auf, die lästige Schreiberei zu beschleunigen und mehrere Durchschläge gleichzeitig anfertigen zu können. Mehrere Tüftler versuchten, Schreibmaschinen zu entwickeln, beispielsweise Karl Drais oder der Amerikaner William Austin Burt, dessen »Typographer« riesig und umständlich zu bedienen war. Zunächst musste ein Metallrad, an dem die Typen befestigt waren, mit einer Kurbel auf den gewünschten Buchstaben gedreht werden. Dann erst konnte dieser mit einem Hebel auf das Papier gedrückt werden. Selbst ein geübter Schreiber war damit nicht schneller als mit der Hand.

1867 entwickelte ein amerikanisches Erfinderkollektiv, das aus Christopher Latham Sholes, Carlos Glidden, James Densmore und Samuel Soule bestand, ein handliches Gerät, das durch direkt anschlagbare Typen tatsächlich schnelleres Schreiben ermöglichte. 1873 verkauften die vier ihre Rechte an den Büchsenmacher Philo Remington, der die »Remington Nr. 1« serienmäßig herstellte und damit für einen Boom in Schreibbüros, Behörden und Firmensekretariaten sorgte. Da man Maschineschreiben als »weibliche Tätigkeit« ansah, entstand nun eine große Zahl von Arbeitsplätzen für Frauen.

### Erste Lochkarten …

1886 brachte der deutsch-amerikanische Erfinder Herman Hollerith die Datenverarbeitung entscheidend voran. Hollerith arbeitete an der Auswertung der amerikanischen Volkszählung von 1880 mit, was insgesamt sieben Jahre in Anspruch nahm, ein untragbarer Zustand, wie der Ingenieur fand. Er kam auf die Idee, Lochkarten zu verwenden. Mit solchen Karten wurden schon seit dem Mittelalter mechanische Flöten, Glocken- oder Orgelspiele gesteuert.

Hollerith teilte jeder Frage ein Feld zu. Für eine positive Antwort wurde ein Loch gestanzt. Dazu entwickelte er eine Maschine, die die gelochten Karten sortieren und auszählen konnte. Zur nächsten Volkszählung im Jahr 1890 durfte er die Tauglichkeit seiner Erfindung unter Beweis stellen. Obwohl sich die Menge der Daten verzwölffacht hatte, konnte Hollerith nach zwei Jahren die Ergebnisse vorlegen.

### … und der Computer

In den zwanziger Jahren des 20. Jahrhunderts versuchten mehrere Forscher elektronische Datenverarbeitungsgeräte zu entwickeln. 1930 stellte Vannevar Bush für das Massachusetts Institute of Technology einen elektromechanischen Großrechner fertig, der jedoch mit komplizierten analogen Signalen arbeitete. Zur Entschlüsselung der im Zweiten Weltkrieg eingesetzten deutschen Chiffrier-Maschine »Enigma« entwarfen Alan Turing und Max Newmann 1943 den »Colossus«, den ersten Digitalrechner.

**FÜR BESSERWISSER**

#### Lesbare Manuskripte

**Der erste Schriftsteller, der seinen Verleger mit getippten Manuskripten verwöhnte, war der Amerikaner Samuel Langhorne Clemens. Er wurde als Autor der Abenteuer von Tom Sawyer und Huckleberry Finn unter dem Pseudonym Mark Twain bekannt.**

**Das von Hollerith entwickelte Lochkartensystem gilt als Grundlage der heutigen elektronischen Datenverarbeitung**

Zwei Jahre später vollendeten an der Universität von Pennsylvania die Forscher John Presper Eckert und John William Mauchly den ersten vollelektronischen Digitalrechner namens ENIAC (Electronic Numerical Integrator and Calculator). Doch das Gerät hatte es im wahrsten Sinne des Wortes in sich: Es war 30 Tonnen schwer, nahm 140 Quadratmeter Fläche in Anspruch und war zudem äußerst kompliziert zu programmieren. Viel mehr als die vier Grundrechenarten und das Wurzelziehen beherrschte er allerdings noch nicht.

## Z wie Zuse

Parallel zu den Amerikanern baute auch der deutsche Bauingenieur Konrad Zuse elektronische Rechner. 1941 stellte er den »Z 3« fertig, der von vielen Fachleuten als der erste richtige Computer bezeichnet wird, und zwar weil Zuse seinem Rechner als Erster den Binärcode zugrunde legte.

### FÜR BESSERWISSER

**Charles Babbage übernimmt sich**

**Bereits 1833 plante der Brite Charles Babbage eine digital gesteuerte Rechenmaschine mit Rechen- und Steuerwerk, internem Speicher sowie Ein- und Ausgabevorrichtung. Für die Realisierung waren jedoch 50 000 Einzelteile nötig, die teils auf einen Tausendstelmillimeter genau gefertigt werden mussten, was dazu führte, dass die Maschine nie gebaut wurde.**

Allerdings wurde das Modell Z3 durch einen Bombeneinschlag zerstört, der teilweise fertiggestellte Z4 konnte rechtzeitig in Sicherheit gebracht werden. Weitere Modelle mit der Typbezeichnung Z wurden in den Folgejahren gebaut. Besondere Bedeutung gewann die Z 11, die in der optischen Industrie eingesetzt wurde.

## Erfindungen des Orients im Mittelalter

Eine überaus wichtige Erfindung wurde zu Beginn des Mittelalters in Indien gemacht: die Dezimalzahlen. Bereits die Mesopotamier hatten mit einem Stellenwertsystem gerechnet. Über Alexander den Großen waren diese mathematischen Vorstellungen nach Indien gekommen. Zwischen dem 6. und dem 9. Jahrhundert n. Chr. entwickelten die indischen Mathematiker dann unser heute bekanntes Dezimalsystem mit reiner Stellenwertbeschreibung, welches auch den Wert Null und die negativen Zahlen mit einschließt. Über Arabien kamen diese Zahlen nach Europa.

Ebenfalls zu Beginn des Mittelalters erfanden persische Wissenschaftler die Windmühle. Sie verbanden den oberen, beweglichen Mühlstein über eine Welle mit einem zunächst horizontal laufenden Flügelrad. Es müssen entweder die Kreuzritter oder die spanischen Araber gewesen sein, die diese neue Technik spätestens im 12. Jahrhundert nach Europa brachten. Neben den Wasserrädern, die allerdings nicht überall installiert werden konnten, waren die Windmühlen bis zur Entwicklung der Dampfmaschine die einzigen Kraftmaschinen.

Um das Jahr 1205 wurde im heutigen Irak ein Buch mit dem Titel »Buch des Wissens von sinnreichen mechanischen Verrichtungen« geschrieben, das im Westen unter dem Namen »Automata« bekannt wurde. Es stammt von dem Gelehrten Badi' Al-Zaman Abul-'Izz Ibn Ismail Ibn Al-Razzaz, der sich nach seinem Geburtsort Al-Jazari nannte. Das Buch enthält illustrierte Konstruktions- und Funktionsbeschreibungen unterschiedlichster Art für eine Vielzahl von Maschinen und Apparate, die denen der europäischen Technik im 12. und 13. Jahrhundert bei weitem überlegen waren. Unter anderem sind darin Türschlösser, Uhren, Vermessungsgeräte, Brunnen mit Schöpfwerken und verschiedene komplizierte Gefäße dargestellt. Neuzeitliche Rekonstruktionen haben bewiesen, dass die im Buch abgebildeten Apparaturen auch tatsächlich funktionierten.

# Neue Ideen und ihre Folgen

Während Forschung auf purer Neugier beruhen kann, werden Erfindungen gemacht, um genutzt zu werden. Funktionieren sie nicht, geraten sie schnell in Vergessenheit. Doch jede Erfindung, die sich einmal durchgesetzt hat, beeinflusst das Leben der Menschen. Manchmal sind es nur kleine Verbesserungen, die kaum auffallen, andere läuten ein ganz neues Zeitalter für die Menschheit ein.

Nicht immer waren sich die Erfinder über die Folgen ihrer Arbeit bewusst. Es gab Visionäre wie Charles Goodyear, der sein Leben dem oft verzweifelten Kampf widmete, brauchbaren Gummi zu schaffen, weil ihm völlig klar war, welches Potential ein solcher Stoff haben würde. Und es gab Menschen wie Joseph Monier, der ein kleines Problem bei der täglichen Arbeit löste und dann überrascht feststellte, welche Möglichkeiten sich durch diese Erfindung eröffneten. Monier nutzte seine Chance und hatte Erfolg. Aber auch das Gegenteil war der Fall. So mancher englischer Weber musste entsetzt feststellen, dass mit einem Gerät, das seine Arbeit ursprünglich erleichtern sollte, eine Entwicklung eingeleitet worden war, die die menschliche Arbeitskraft schnell überflüssig machte.

# Einblick in neue Welten – Mikroskop und Fernrohr

**Nicht immer sind Erfindungen die Folge neuer naturwissenschaftlicher Erkenntnisse – Erfindungen können Entdeckungen auch erst ermöglichen. Im 17. Jahrhundert erfanden zwei niederländische Linsenschleifer etwas, das späteren Forschern einen völlig neuen Blick auf die Welt erlaubte.**

### Wunderwelt unter der Linse

Die Erkenntnis, dass gewölbte Glaslinsen Gegenstände vergrößern, wurde schon um 1010 n. Chr. vom persischen Gelehrten Ibn al-Haitham verschriftlicht. In der Folge benutzten mittelalterliche Mönche solche Linsen zum besseren Lesen und gegen Ende des 13. Jahrhunderts erfand einer von ihnen die Brille. Drei Jahrhunderte später kam es durch Hans Janssen und seinen Sohn Zacharias, die als Brillenmacher im niederländischen Middelburg lebten, zu einer neuen optischen Entwicklung. Ihnen fiel auf, dass sich die vergrößernde Wirkung einer konvexen – einer nach außen gewölbten – Linse durch eine zweite noch steigern ließ. Um 1590 baute Janssen ein Rohr, das an beiden Enden eine Linse besaß: das Mikroskop war geboren.

Über die beiden Janssens ist nicht viel bekannt, wohl aber über Antoni von Leeuwenhoek, der von dem neuartigen Gerät fasziniert war. Er lebte von 1632 bis 1723 in der niederländischen Stadt Delft.

**Hans Janssen und sein Sohn Zacharias bauten um 1590 das erste einfache Mikroskop**

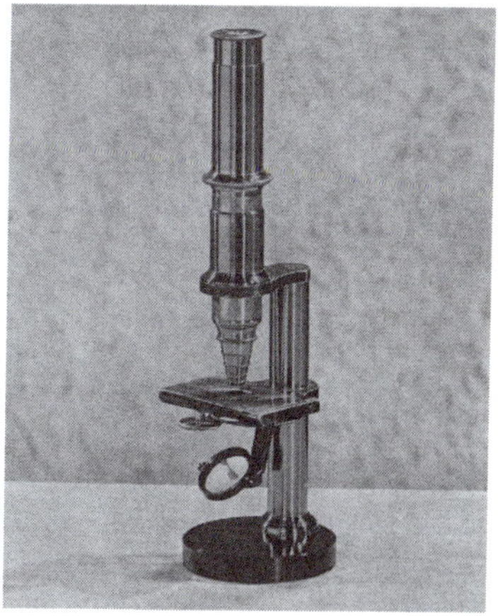

Eigentlich war er Tuchhändler, doch seine wahre Leidenschaft galt der Mikroskopie. Da das einfache Mikroskop der Janssens seinen Ansprüchen nicht genügte, weil es das Bild verzerrte und nur eine 150-fache Vergrößerung zuließ, lernte Leeuwenhoek, selbst Linsen zu schleifen und baute insgesamt rund 500 Mikroskope. Obwohl er nur eine Linse einbaute, erreichte er bis zu 300-fache Vergrößerungen ohne Verzerrungen. Denn er hatte erkannt, dass dies von der Reinheit des Glases abhing. Nun konnte er sich endlich seinem eigentlichen »Forschungsvorhaben« widmen:
Er war überzeugt, dass alles Leben aus kleinsten Strukturen besteht – und diese wollte er sich mit seinem Lichtmikroskop einmal genau ansehen.

### Neue Welten tun sich auf

Leeuwenhoek bewies durch zahlreiche Entdeckungen bei seiner mikroskopischen Arbeit, was die Erfindung der Janssens wert war: In den Ablagerungen an den Zähnen und im menschlichen Speichel fand der Forscher Bakterien, die er in drei Gruppen einteilte: Bazillen, Kokken und Spirillen. Des Weiteren entdeckte er die Samenzellen bei Tieren und Menschen, die roten Blutkörperchen und die Querstreifung der Muskulatur.

### Vergrößerung durch Strahlung

Anfang des 20. Jahrhunderts gelangte die Vergrößerung der herkömmlichen Lichtmikroskope an ihre Grenzen, denn inzwischen waren molekulare und atomare Strukturen nachgewiesen worden, die nicht mehr durch Linsen sichtbar gemacht werden konnten. 1919 hatte der Forscher August Kohler eine neue Idee. Um ein Objekt auszuleuchten, nutzte er die kürzeren ultravioletten Strahlen statt des sichtbaren Lichts und erreichte damit eine bis zu 2 500-fache Vergröße-

**FÜR BESSERWISSER**

**Ein Geheimniskrämer**

**Nicht nur Wissenschaftler pilgerten nach Delft zu Leeuwenhoek, sondern auch die britische Königin Anne sowie Zar Peter der Große. Leeuwenhoek teilte seine Entdeckungen mit ihnen, nicht jedoch sein Geheimnis, wie man derart gute Linsen schliff. Erst im 19. Jahrhundert gelang es, Vergleichbares zu bauen. Ab 1875 sorgte dann Joseph von Fraunhofer mit neuen Methoden für noch bessere optische Gläser.**

rung. Der Durchbruch in atomare Welten gelang 1931 mit dem Elektronenmikroskop von Hans Busch und Ernst Ruska. Das zu beobachtende Objekt wird dabei in einem Vakuum mit einem Elektronenstrahl beschossen, der je nach Objektdichte abgeschwächt wird. Die Änderungen werden auf einer Fotoplatte in ein vergrößertes Abbild des Gegenstands umgewandelt. 1981 erfanden Gerd Binning und Heinrich Roher in Zürich das Rastertunnelmikroskop, das mit einem Elektronenstrahl jedes einzelne Atom misst und Strukturen im Nanometerbereich, also den milliardsten Teil eines Meters, sichtbar macht.

**Durch Galileo Galileis Entdeckungen am Nachthimmel wurde das Fernrohr berühmt**

### Der Himmel rückt nahe

Hans Lipperhey, 1560 geboren, war Brillenmacher. Ihm fiel auf, dass sich in der Ferne liegende Dinge stärker vergrößern ließen, wenn in einem Rohr an der dem Auge zugewandten Seite eine nach innen gewölbte, konkave Linse angebracht wurde und am äußeren Ende eine konvexe. Dabei musste der Abstand zwischen den Linsen der Differenz ihrer Brennweite entsprechen. Lipperhey konstruierte ein Fernrohr mit 10-facher Vergrößerung.

Galileo Galilei hörte von Lipperheys Erfindung, kaufte sich Linsen und baute ein eigenes Gerät. Doch er war nicht zufrieden, lernte selbst Linsen zu schleifen und baute ein Rohr mit 33-facher Vergrößerung. Damit entdeckte er die vier größten Monde des Jupiters und stellte fest, dass die Milchstraße aus unzähligen Sternen besteht. Zudem erkannte er, dass die Venus Phasen durchläuft, weil sie die Sonne umkreist. All das brachte ihn zu der Erkenntnis, dass nicht das ptolemäische Weltbild, in der alle Himmelskörper um die Erde kreisen, richtig war, sondern die Anschauung von Nikolaus Kopernikus: Die Erde dreht sich um die Sonne.

# Die Mechanisierung der Arbeit – Spinnmaschine und Dampfwebstuhl

**Es liegt in der Natur des Menschen, sich die Arbeit so einfach wie möglich zu machen. Deshalb ist es nicht verwunderlich, dass die ersten mechanischen Spinngeräte und Webstühle nicht von Fabrikbesitzern, sondern von Webern erfunden wurden. Doch nachdem die Geräte perfektioniert waren, wurde die Arbeit der Weber unnötig.**

## Schnellschütze und Spinning Jenny

Die erste Verbesserung am Webstuhl war der »Schnellschütze«, den der Engländer John Kay 1733 erfand. Es handelt sich dabei um eine automatische Vorrichtung, die das Weberschiffchen – ein längliches Holzbrett, das an den kurzen Seiten mit einer kleinen Einkerbung versehen ist, damit der Faden sich gut aufwickeln lässt – mit dem Querfaden von allein durch das so genannte Fach, also die aufgespannten Längsfäden, schoss. Der Weber, der nun nicht mehr selbst Hand an das Schiffchen legen musste, um es durch das Fach zu bewegen, konnte damit doppelt so schnell arbeiten.

1764 erfand der Weber James Hargreaves die »Spinning Jenny«, das erste mechanisches Spinnrad zum Verspinnen von Wolle zu Garn. Es konnte gleichzeitig acht Fäden spinnen. Das bedeutete, dass nun nur noch ein Spinner als Garnlieferant für einen Weber benötigt wurde. Vorher lag das Verhältnis bei 8 : 1. Die »Jenny« war allerdings eine komplizierte Maschine und konnte nicht von Ungelernten bedient werden. Obwohl sie noch nicht so leistungsfähig war, als dass mit ihr ein Überangebot an

> **FÜR BESSERWISSER**
>
> **Ein Maschinchen**
>
> **Es ist nicht sicher, ob James Hargreaves die Spinnmaschine nach seiner Tochter benannte oder ob »Jenny« eine liebevolle Verballhornung von dem englischen Wort »engine« (Maschine) darstellt.**

Garn produziert hätte werden können, wurde sie öfters von aufgebrachten Spinnarbeitern zerstört, weil sie um ihren Arbeitsplatz fürchteten. Erst später wurde sie auf bis zu 100 Spindeln umgerüstet.

### Der Weg zur »Spinning Mule«

Richard Arkwright war Sohn eines Schneiders und arbeitete als Barbier und Perückenmacher. Durch eine Heirat kam er zu Vermögen und konnte so 1769 eine Spinnmaschine mit automatischer Garnzuführung konstruieren, mit deren Hilfe das Garn fester und stärker wurde als bisher. Mehr noch: Arkwrights Maschine war so gebaut, dass das Spinnen zu einem kontinuierlichen Prozess wurde. Dem Erfinder gelang es, sie erst mit einem Pferdegöpel, bei dem die Tiere die Arbeit verrichteten, 1775 mit Wasserkraft und 1785 mit Dampfantrieb anzutreiben.

Samuel Crompton dagegen hatte als 15-Jähriger in einer Spinnerei zu arbeiten begonnen und wohl oft geschimpft, denn die dünnen Fäden rissen schnell. Er bastelte an einer Maschine, die er 1779 der Öffentlichkeit vorstellte. Seine »Spinning Mule« baute auf den Erfahrungen von Hargreaves und Arkwright auf. Auch sie konnte mit Dampf betrieben und auf bis zu 1 000 Spindeln aufgerüstet werden. Der Spinnprozess jedoch musste von Fachkräften gesteuert werden. Zwischen 1825 und 1830 vereinfachte der Maschinenbauer Richard Roberts diese Maschine derart, dass sie auch von ungelerntem Personal bedient werden konnte.

### Die Erfindung des Pastors

Den mechanischen Webstuhl erfand kein Fabrikant, sondern ein einfacher Landpfarrer. 1785 melde-

**FÜR BESSERWISSER**

**Ungleicher Lohn**

**Richard Arkwright besaß die finanziellen Mittel, um schon 1771 die erste automatische Spinnerei zu eröffnen. Er wurde der mächtigste Textilbaron seiner Zeit und sogar in den Adelsstand erhoben. Samuel Crompton hingegen fehlte das Geld, seine »Mule« patentieren zu lassen. Sie wurde alsbald kopiert und zu einem weltweiten Exportschlager, der England viel Geld einbrachte. Obwohl ihm nach langem Kampf mit den Behörden 1812 doch noch 5 000 Pfund vom englischen Parlament zugesprochen wurden, verhinderten diese nicht, dass er 15 Jahre später verarmt starb.**

te Edmund Cartwright einen maschinengetriebenen Webstuhl zum Patent an. Die Branche spottete wegen der schlechten Qualität des gewebten Stoffes – noch. Der Pastor ließ sich davon nicht entmutigen. Er gründete eine eigene Fabrik, die jedoch 1793 in Konkurs ging. 1803 präsentierte Cartwright einen Apparat, der keine Wünsche mehr offen ließ. Daneben erfand der Geistliche eine Wollkämmmaschine, eine Seilwickelmaschine und einen neuartigen Pflug.

### Schwerer Beginn

Der mechanische Webstuhl war anfangs wenig beliebt. Bislang arbeiteten die Weber als Freiberufler für Verleger, die ihnen die Aufträge beschafften, was bedeutete, dass die Weber das geschäftliche Risiko trugen. Arbeiteten Sie hingegen in einer Fabrik, fiel das Risiko dem Fabrikbesitzer zu. Die Arbeiter steckten mehrere Firmen, die den neuen Webstuhl einsetzten, in Brand, weil sie um ihre Arbeitsplätze fürchteten. Zu Recht, wie sich herausstellte: Binnen eines Vierteljahrhunderts gab es über 55 000 Web- und entsprechend viele Spinnmaschinen in England. Da sich nur reiche Unternehmer die neuen Maschinen leisten konnten, konzentrierte sich die Textilherstellung auf wenige Großbetriebe. Hier konnten nun dank der mechanischen Arbeitsgeräte und der Dampfkraft Textilien im Überfluss hergestellt werden.

### ➤ Die industrielle Revolution

**Ausgehend von der Textilindustrie, setzte sich auch in anderen Branchen der Trend zu großen Fabriken durch. Durch die Dampfmaschinen konnten diese überall errichtet werden – unabhängig von Wasser und Wind. Die Energieversorgung war kein Problem mehr, weil man in den Kohlegruben dank dampfbetriebener Pumpen tiefer graben konnte. Die neue Produktivität hat aber auch negative Folgen: Den Arbeitern wurden die Löhne gedrückt, Frauen und Kinder wurden statt Männern beschäftigt und der Arbeitstag wurde auf bis zu 18 Stunden verlängert. Das soziale Elend stieg, während sich die industrielle Revolution von England über ganz Europa bis in die USA ausbreitete.**

## Erfindungen der Europäer im Mittelalter

Das europäische Mittelalter war keine Zeit großer Erfindungen. Die meisten Neuerungen kamen entweder über die Araber in Spanien oder später mit den Kreuzzügen ins Land. Zwischen dem 10. und dem 11. Jahrhundert kamen jedoch einige Dinge auf, die die Landwirtschaft viel effektiver machten: der Räderpflug, die Egge, das Stirnjoch für Ochsen, das Kummet für Pferde und die Sense. Dies führte dazu, dass überall Wald gerodet wurde. Mit der Ausweitung der Ackerfläche setzte sich die Dreifelderwirtschaft durch. Nach dem Anbau von Wintergetreide (Weizen, Roggen) und Sommerfrüchten (Gerste, Hafer, Hülsenfrüchte, Kohl) ließ man die Felder im dritten Jahr brach liegen, damit sie sich regenerieren konnten. Durch diese Neuerungen ist allein die deutsche Bevölkerung bis zur Mitte des 14. Jahrhunderts schätzungsweise von 5 auf 15 Millionen Menschen angewachsen.

Wind- und Wassermühle werden zwar aus dem Orient eingeführt, doch man erfand im Lauf der Zeit eine Vielzahl von Möglichkeiten, sie zu nutzen, zum Beispiel zum Mahlen von Gips und Rinde oder als Walkmühlen, Papiermühlen, Eisenhämmer, Sägemühlen, Schleifereien, Flachsbrechen, Drahtmühlen.

Im 9. Jahrhundert soll ein Geistlicher ein erstes, allerdings noch unregelmäßig laufendes, mechanisches Uhrwerk hergestellt haben. In der Folgezeit wurde der Mechanismus weiter verbessert. Ab 1290 verbreiteten sich Uhren in den Kirchtürmen und Rathäusern von ganz Europa. Schon im 14. Jahrhundert kamen Spielwerke mit beweglichen Figuren und anderen Ausschmückungen dazu.

Auch die Kenntnisse über die Vergrößerungskraft gewölbter Linsen stammten aus dem Orient. Ende des 13. Jahrhunderts kam ein Dominikanermönch, möglicherweise Alexander von Spina aus Pisa, darauf, zwei Linsen zu einer Brille zu verbinden, die gegen Altersfehlsichtigkeit half. Im 15. Jahrhundert entwickelte dann der Kirchengelehrte Nikolaus von Kues auch eine Brille gegen Kurzsichtigkeit.

# Das Fahrrad – nur für Exzentriker?

**Heute bestreitet sicherlich niemand mehr ernsthaft, dass das Fahrrad ein wichtiges Verkehrsmittel ist. Dieser Überzeugung war schon sein Erfinder. Doch die Umwelt schüttelte lange Zeit den Kopf über dieses merkwürdige Gefährt und alle, die sich damit auf die Straße wagten.**

**Der Forstmeister und seine Mission**

Alte Abbildungen von den ersten Fahrrädern, die noch keine Pedale hatten, muten heute komisch an. Die meisten Zeitgenossen sahen das nicht anders. Die brave Biedermeiergesellschaft bewegte sich weiterhin gemessen zu Fuß und Karikaturisten nutzten die neue Mode als willkommene Vorlage zum Spotten.

Dabei hatte der im Jahr 1785 geborene Karl Freiherr Drais von Sauerbronn durchaus ernsthafte Absichten mit seiner Erfindung verfolgt. Der Freiherr war einer dieser verschrobenen Erfinder, ein Sonderling und vermutlich tief unglücklich. Weil er adelig war, konnte er kein Mechaniker werden, sondern musste eine Laufbahn als Forstmeister und badischer Kammerjunker einschlagen. Die Folge: Er vernachlässigte seinen Dienst und eckte überall am Hof an, bastelte aber trotzdem weiter und erfand eine Schreibmaschine, eine Fleischhackmaschine und einen Fensterspion, mit dem man um die Ecke sehen konnte.

**FÜR BESSERWISSER**

**Kleiner Erfolg**

**Gelegentlich wird Drais' Laufrad als Draisine bezeichnet. In Wirklichkeit aber versteht man darunter ein vierrädriges Schienenfahrzeug, das über Auf- und Abwärtsbewegungen eines Hebels angetrieben wird. Drais erfand dieses Gerät um 1841. Als Reparaturfahrzeug auf Gleisen leistete es lange Zeit gute Dienste.**

Mit seinem 1817 entwickelten Laufrad wollte er dem schlechten Zustand der Straßen begegnen. Diese waren oft unebene Pisten mit vielen Schlaglöchern, was Passagiere von Postkutschen und anderen Wägen immer wieder schmerzhaft zu spüren bekamen. Pannen durch Radbruch waren keine Sel-

Die Draisine funktionierte nach dem Prinzip eines einfachen Laufrades

tenheit. Mit einem zweirädrigen Gefährt, so überlegte Drais, müsste es einfacher sein, diesen Schlaglöchern auszuweichen. Er konstruierte also ein lenkbares Gefährt mit zwei Rädern und einem Sattel. Der Fahrer der »Draisine« reichte mit seinen Beinen gerade so auf den Boden und konnte dadurch das Rad antreiben.

## Es geht schneller

Wer kleine Kinder hat, weiß, wie schnell man mit solchen Laufrädern werden kann. Auch Drais brachte es mit einiger Übung auf Geschwindigkeiten von über 15 Stundenkilometern. So fuhr er beispielsweise in vier Stunden von Karlsruhe nach Kehl, wofür man damals zu Fuß die vierfache Zeit veranschlagte.

Das Problem an der Sache: Das Gefährt war wenig bequem und es sah komisch aus. Bei seiner ersten Darbietung erregte Drais trotzdem Aufmerksamkeit. Der Markgraf von Baden erteilte ihm 1813 ein Patent und selbst der russische Zar überreichte ihm nach einer Vorführung einen Brillantring und bemerkte huldvoll: »C'est bien ingénieux.« (»Das ist sehr erfinderisch.«).

## Der Erfolg bleibt zunächst aus

Einige Vereine für Leibesertüchtigung schafften sich Laufräder an und auch bei Studenten kam das Rad einige Zeit in Mode. Sogar Johann Wolfgang von Goethe probierte es 1819 bei einem Besuch in Jena aus. Doch obwohl Drais seine Erfindung immer weiter verbesserte, Preislisten für vier Sorten von Laufrädern in alle Welt schickte und die Behörden mit Eingaben bombardierte, setzte sich das Rad in der Öffentlichkeit nicht durch. Drais erlitt mit seiner Laufrad-Manufaktur finanziellen Schiffbruch und verlor seine Ämter am Hof. Mit der Zeit wurde der dickliche und immer etwas schlampig wirkende Erfinder zur lokalen Spottfigur und starb 1851 völlig verarmt. Zwei Jahre zuvor hatte er seinen Adelstitel abgelegt und nannte sich seitdem nur noch Karl Drais.

Erfolg hatte sein Laufrad in England. Dort wurde das so genannte Velozipedfahren zu einer Trendsportart von jungen Adeligen und Freigeistern.

## Vom Laufrad zum Fahrrad

1839 gab der schottische Schmied Kirkpatrick Macmillan dem Laufrad zum ersten Mal Pedale. Es setzte sich aber erst das Pedalprinzip durch, das der Instrumentenmacher Philipp Moritz Fischer 1853 entwickelte. Die Kurbeln waren starr am Vorderrad angebracht, sodass man für eine Umdrehung des Vorderrades zweimal treten musste. Um schneller fahren zu können, wurden die Vorderräder größer, bis um 1870 das Hochrad aufkam. In den siebziger Jahren des 19. Jahrhunderts entwickelten dann verschiedene Tüftler ungefähr zeitgleich den Kettenantrieb.

Doch noch immer waren Fahrräder ziemlich unbequem – bis der irische Tierarzt John Boyd Dunlop, angeblich durch einen Gartenschlauch inspiriert, für das Rad seines Sohnes eine luftgefüllte Bereifung bastelte – die erste weltweit. Die Gummischläuche dafür klebte er selbst zusammen. Als Ventil diente ein Stück von einem Schnuller. Befestigt wurde der Schlauch auf den metallbereiften Rädern mit stabilen Segeltuchstreifen.

Angeblich wurde Vater Dunlop erst von Fremden, die den kleinen Johnny dahinflitzen sahen, darauf aufmerksam gemacht, dass er eine patentwürdige Erfindung gemacht hatte. Der Tierarzt verbesserte sein Konstrukt und gründete 1888 die Dunlop Rubber Company. Obwohl einige über die »Puddingreifen« spotteten, wurde das Fahrrad mit den Luftreifen zum Massenverkehrsmittel. Neben Sportlern nutzten es Briefträger und Gendarmen. Die Dunlop Rubber Company wurde einer der größten Konzerne der Kautschukindustrie. Doch Dunlop wurde nicht reich, da er kaum Anteile daran besaß.

**FÜR BESSERWISSER**

### Kampf um die Vorfahrt

**Die ersten Verkehrsschilder der Welt wurden um 1870 in London aufgestellt, als die Radfahrer schneller als die zahlreichen Pferdekutschen wurden.**

# Ein Naturprodukt wird verwandelt – vulkanisierter Gummi

**Nicht nur der luftgefüllte Fahrradreifen wäre ohne die Erfindung des vulkanisierten Gummis unmöglich gewesen. Auch eine Vielzahl anderer Produkte kann nur aus diesem absolut dichten, hochelastischen Material angefertigt werden. Erfunden wurde er nicht von Wissenschaftlern im Labor, sondern unter abenteuerlichen Umständen in einer privaten Hexenküche.**

## Klebrig und spröde

Gummiartige Substanzen haben eine lange Tradition. Die Ägypter verwendeten etwa ab 500 v. Chr. das klebrige Harz verschiedener Akazienarten, das so genannte Gummi arabicum. Es wurde zum Kleben benutzt, aber auch Tinten und Farben beigemischt.

Eine noch ältere Tradition hat Latex, der Milchsaft des Kautschukbaums, der von den Indianern Süd- und Mittelamerikas schon ab etwa 1600 v. Chr. gesammelt wurde. Um 1750 begannen sich die Chemiker für den zähen, eingedickten Milchsaft zu interessieren. Sie stellten daraus Dichtungen und Verschlüsse her. Der Naturkautschuk besaß jedoch zwei ärgerliche Eigenschaften: Bei Wärme wurde er schnell sehr klebrig, zu viel Kälte machte ihn dagegen spröde und brüchig.

**FÜR BESSERWISSER**

**Schwefelbrücken**

**Bei der Vulkanisation, wie Goodyear sein Verfahren nannte, werden die langkettigen Moleküle des Kautschuks mit Schwefelbrücken verbunden. Dazu werden Temperaturen von mindestens 140 °C benötigt. Je mehr Brücken sich bilden, desto härter wird der Gummi.**

1763 löste der Chemiker Pierre Joseph Macquer Kautschuk in Äther und Terpentin auf. Das Material ließ sich nach der Verdunstung gut formen und Macquer stellte daraus Gummistiefel und Gummischläuche her. Doch die Probleme blieben. Nicht anders war es Anfang des 19. Jahrhunderts mit den ersten Regenmänteln. Der Schotte Charles Macintosh fand 1823 eine gewisse Abhilfe, indem er den Kautschuk von beiden Seiten mit Stoffbahnen beklebte.

### Verrückter Erfinder

1833 galt Charles Goodyear aus New Haven in Connecticut als gescheitert. Der gelernte Mechaniker hatte mit seinem Eisenwarengeschäft kein Glück gehabt, war als Hufschmied auf keinen grünen Zweig gekommen und mehrmals im Schuldgefängnis gelandet, weil er seinen Zahlungsverpflichtungen nicht nachkommen konnte. Doch anstatt sich nach einer sicheren Erwerbsarbeit umzusehen, eröffnete er ein Geschäft für wasserfeste Gummiartikel. Dabei packte ihn die Begeisterung für das neue Material. Er war überzeugt, dass sich mit Gummi ein Vermögen verdienen lassen konnte, wenn man endlich die bekannten Probleme löste.

### Der Zufall hilft

Ohne irgendwelche chemischen Kenntnisse begann Goodyear zu experimentieren. Er kochte den Kautschuk mit verschiedenen Substanzen und hoffte, irgendwann auf das richtige Rezept zu stoßen. Magnesi-

### Hartgummi und Plastik

1852 entwickelte Goodyear den Hartgummi Ebonit, der mehr Schwefel und außerdem Schellack, eine harzige Substanz, enthielt. Er eignete sich zum Isolieren von Telegraphendrähten, wurde aber auch für Kämme und andere Gegenstände benutzt, die vorher aus Horn oder Holz geschnitzt wurden.

Im Jahr 1862 versuchte dann ein weiterer Autodidakt, Alexander Parkes, einen billigen, künstlichen Werkstoff herzustellen. In langen Experimenten kochte er nitrierte, in Schwefelsäure eingelegte Baumwolle, die er mit Öl und Kampfer elastisch machte. Schließlich entstand ein gelblich weißes, hartes Material. Es war das erste Plastik der Welt, das der Erfinder nach seinem Namen »Parkesine« nannte und ebenfalls als Alternative zu Horn vermarktete. Doch es war nicht formstabil, weshalb ihm 1868 John Wesley Hyatt mit dem auf Zellulose basierenden Kunststoff namens Zelluloid den Rang ablief.

umsalz und Kalkmilch nahmen dem Kautschuk dann tatsächlich seine Klebrigkeit, doch löste sich das viel versprechende Produkt nach kurzer Zeit leider gänzlich auf.

1839 verpfändete Goodyear sogar die Schulbücher seiner Kinder und war finanziell völlig am Ende. Trotzdem tat er sich mit dem ebenfalls bankrotten Exbesitzer einer Kautschukfabrik zusammen, um weiterzuforschen. Eine Verbindung mit Scheidewasser, einer Mischung aus Salpeter- und Schwefelsäure, lieferte erste viel versprechende Ergebnisse. Eines Tages buk Goodyear dann eine Mixtur aus Kautschuk, Schwefel und Bleiweiß – wohl unabsichtlich – auf der heißen Herdplatte und stellte fest, dass sie nicht schmolz, sondern elastisch wurde. Charles Goodyear schien am Ziel seiner Träume.

### Der Preis ist hoch

Doch es dauerte fünf weitere Jahre, bis er sein Verfahren so weit entwickelt hatte, dass er es zum Patent anmelden konnte. In dieser Zeit starb sein kleiner Sohn, möglicherweise an Unterernährung. Er selbst saß mehrmals im Gefängnis. 1844 erhielt er endlich das begehrte Patent und kam zu Geld. Er steckte alle Einkünfte in neue Experimente und stellte Zelte und Förderbänder her. Daneben hatte er mehrere Patentprozesse gegen illegale, aber erfolgreiche Nachahmer auszufechten, die ihn erneut in Schulden stürzten. Eine Zeitung schrieb über ihn: »Wenn ihr einen Mann seht, in Schuhen, mit Mantel und Hut aus Kautschuk, aber ohne einen Cent in der Tasche, dann habt ihr Charles Goodyear vor euch.« 1855 investierte Goodyear 50 000 Dollar in eine Präsentation auf der Weltausstellung in Paris. Die Auszeichnungen, die er errang, wurden ihm im Schuldgefängnis überbracht. Als er 1860 im Alter von 59 Jahren starb, hinterließ er mehrere Hunderttausend Dollar Schulden. Erst seine Söhne kamen mit seiner Erfindung zu Geld.

**FÜR BESSERWISSER**

**Späte Ehrung**

**Der heute bekannte Reifenkonzern Goodyear hat wenig mit Charles Goodyear zu tun. Er wurde 1898 von den Brüdern Frank und Charles Seiberling gegründet und dem Erfinder zu Ehren Goodyear Tire & Rubber Company genannt.**

## Erfindungen des 16. Jahrhunderts

Im Jahr 1510 erfand der Nürnberger Schlossermeister Peter Henlein eine kleine Zugfeder mit Bremse. Diese machte es ihm möglich, die ersten Taschenuhren in Dosengröße zu konstruieren. So wurde die Zeitmessung ortsunabhängig, und man war praktisch jederzeit über die genaue Uhrzeit informiert. Bis dahin wurden Uhren durch einen Schwerkraftantrieb mit Gewichten betrieben.

Sieben Jahre später baute der Uhrmacher Johann Kuhfuß, ebenfalls aus Nürnberg, die ersten Gewehre mit Radschloss. Die Pulverladung wurde nun nicht mehr umständlich mit einer Lunte entzündet, sondern die Zündung wurde durch ein rotierendes Stück Feuerstein beim Abdrücken des Abzugs des Gewehrs ausgelöst.

In den dreißiger Jahren des 16. Jahrhunderts kamen dann die ersten Eisenwalzwerke auf. Der Alchimist Paracelsus beginnt mit der Herstellung von Arzneimitteln, indem er erstmals systematisch reine, exakt dosierte Pflanzenextrakte anfertigte.

**Die Erfindung des Federantriebs revolutionierte die Zeitmessung**

Viele Neuerungen gab es auch im Bergbau. So entstanden aufwändige Belüftungsanlagen und eine Reihe von Systemen, Wasser aus den tieferen Schächten zu fördern, zum Beispiel durch erste Kolbenpumpen. Außerdem wurden neue Verfahren zur Verwertung der Erze wie Zerkleinern in Mühlen oder chemisches Amalgamieren (mit Quecksilber legieren) eingeführt. Ein umfassendes Kompendium über das Hüttenwesen, *De re metallica*, gab der Naturforscher Georg Agricola 1546 heraus. Darin beschrieb er den ersten modernen Glasofen.

Um 1550 kamen die ersten Gewehrpatronen auf. Freiherr Hans Ungnad ließ in der Steiermark das erste Weißblech herstellen. Und in der Schweiz wurde erstmals der Gebrauch von Bleistiften beschrieben.

1551 erfindet der Deutsche Leonhard Digges den Theodoliten und revolutionierte damit die Landvermessung. Dieses optisch-mechanische Instrument zum Bestimmen der Horizontal- und Höhenwinkel wird bis in unsere Tage zur Vermessung von Flächen und Distanzen im Gelände eingesetzt. Seine Erfindung wurde erst 20 Jahre später durch seinen Sohn publiziert.

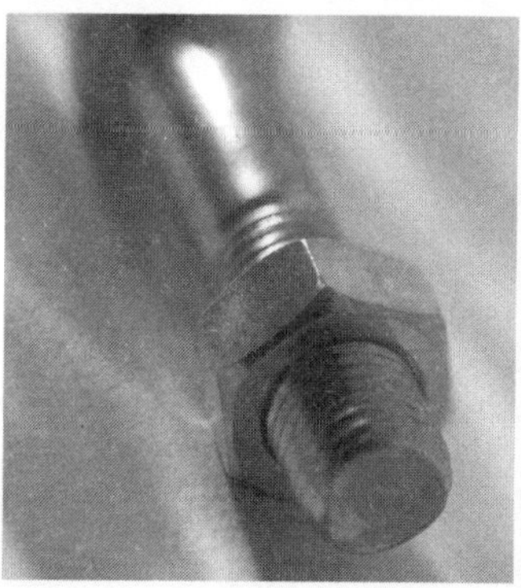

Im Jahr 1568 baute der Franzose Jacques Besson die erste Gewindeschneidmaschine. Obwohl schon »Altmeister« Leonardo da Vinci eine solche Maschine entworfen hatte, wurden Gewinde bis dahin mit der Hand geschnitzt.

1569 errichtete der Italiener Andrea Palladio als Erster eine Brücke in der Fachwerkbauweise mit massiven Holzstämmen.

Strümpfe und Strumpfstricken, wie wir sie heute kennen, wurden Mitte des 16. Jahrhunderts in Spanien erfunden. 1589 konstruierte der britische Theologiestudent William Lee eine Strumpfwirkmaschine, die bis ins 19. Jahrhundert benutzt wurde.

1597 baute Galileo Galilei das erste Thermometer weltweit. Es arbeitete im Gegensatz zu modernen Thermometern, die beispielsweise mit Quecksilber gefüllt sind, mit Wasser. Das machte die Temperaturmessung aufgrund von Luftdruckschwankungen ziemlich ungenau.

**Um 1550 wurden erstmals Gewindeschrauben und Muttern eingesetzt**

# Die zwiespältige Erfindung des Nobelpreisstifters – Dynamit

**Nicht alle Erfinder sind mit ihren Erfindungen glücklich geworden. Viele starben arm und verbittert. Alfred Nobel wurde immens reich – und war trotzdem unglücklich. Er lehnte den Krieg ab, dem die von ihm erfundenen Sprengstoffe dienten, und verbesserte sie dennoch immer wieder weiter.**

### Gefährliche Faszination

Als Alfred Nobel 1833 in Stockholm geboren wurde, musste sein Vater als Baumeister Konkurs anmelden. Der Mann, der Patente auf eine Hobelmaschine, eine Mangel und ein mechanisches Triebwerk erhielt, ging mit mehreren Unternehmungen Pleite und probierte schließlich sein Glück in Russland. In Stockholm hielt sich unterdessen seine Frau mit ihren fünf Kindern mühsam über Wasser. Alfreds Geschwister trugen mit dem Verkauf von Streichhölzern zum Familieneinkommen bei, er selbst dagegen war fast immer krank.

1842 hatte es Immanuel Nobel in Russland mit selbst erfundenen Sprengkörpern zum angesehenen Unternehmer gebracht und ließ seine Familie nachkommen. Alfred wurde zum Assistenten seines Vaters. Dieser verwendete für seine Minen Schwarzpulver, mit dem er aber nicht zufrieden war. Ihn interessierte die Entdeckung des italienischen Chemikers Ascanio Sobrereo, eines Schülers von Justus von

**Alfred Nobel, der Erfinder des Dynamits, blieb Zeit seines Lebens ein ausgesprochener Pazifist**

Liebig, der 1846 aus Glycerin, Salpeter- und Schwefelsäure eine ölige Flüssigkeit von großer Sprengkraft geschaffen hatte, die schon bei geringer Erschütterung explodierte.

### Erste Versuche scheitern

Alfred begann mit dem besagten Nitroglycerin zu experimentieren. 1864 gelang es ihm schließlich, den hochentzündlichen Stoff mit einer kleinen Kapsel Schwarzpulver zu einer kontrollierten Explosion zu bringen. Im selben Jahr explodierte jedoch sein Labor unter ungeklärten Umständen. Vier Mitarbeiter und sein jüngster Bruder Emil kamen ums Leben. Alfred Nobel forschte trotzdem weiter – auf einem Lastkahn auf dem Mälarsee in Schweden.

### Die Entdeckung: Dynamit

1866 fand er heraus, dass eine Mischung aus Nitroglycerin und Kieselgur, einem Sedimentgestein aus Algenpanzern, sicher in Handhabung und Transport war. Der neue Sprengstoff, den er Dynamit nannte, fand reißenden Absatz, vor allem beim Bau von Tunnels, Kanälen und Bergwerkstollen. Allein der Bau des Panamakanals verbrauchte 30 000 Tonnen Dynamit.

1875 entwickelte Nobel aus Nitroglycerin und in Alkohol gelöster Kollodiumwolle eine Sprenggelatine, die mehr Sprengkraft als reines Nitroglycerin besaß, aber im Vergleich zum Dynamit billiger in der Herstellung, noch sicherer in der Handhabung und sogar für Unterwassersprengungen geeignet war.

### ➤ Die Brüder Nobel

**Alfred Nobel hielt zeitlebens engen Kontakt zu seinen Brüdern und half ihnen finanziell: So konnte sein Bruder Robert die Ölquellen am Kaspischen Meer erschließen und Baku zu einem der bedeutendsten Ölumschlagplätze machen. Sein zweiter Bruder Ludvig sorgte mit mehreren Erfindungen für eine moderne Ölfördertechnik und ließ den ersten brauchbaren Tanker bauen. Nach Roberts Rückzug aus dem Geschäftsleben übernahm Ludvig dessen Unternehmen und führte – für jene Zeit – vorbildliche Sozialleistungen ein. Nach seinem Tod im Jahr 1888 übernahm sein Sohn Emmanuel die Leitung des Erdölunternehmens, bis er 1918 enteignet wurde.**

Obwohl Alfred Nobel das Geschäftsleben eigentlich als unangenehm empfand, wurde er ein überaus erfolgreicher Unternehmer mit einem weltweiten Netz an Fabriken.

### Der unglückliche Millionär

Über Alfred Nobels Gesinnung ist viel spekuliert worden. Es stimmt nicht, dass er erst durch die Begegnung mit der österreichischen Pazifistin und Schriftstellerin Bertha von Suttner, die er 1876 kurzzeitig als Haushälterin einstellte, zum Kriegsgegner wurde. Nobel, ein introvertierter Mensch, dem schon ein normaler Streit zuwider war, hatte den Krieg bereits früher als »größtes Verbrechen« verdammt.

Gleichzeitig verdiente er ein immenses Vermögen mit der militärischen Verwendung seiner Produkte. Unter seinen über 350 Erfindungen haben einige einen rein militärischen Nutzen, zum Beispiel ein rauchloses Pulver aus Zelluloid und Nitroglycerin, das dem Feind die Position des Schützen verbirgt.

Einerseits schien sich Nobel, der sich als »innerlich abgeschabt« und »kompass- und steuerlos wie ein zweckloses, vom Schicksal gebrochenes Lebenswrack« bezeichnet hatte, nur im Labor wirklich wohl gefühlt zu haben. Andererseits klammerte er sich an die Überzeugung, dass Waffen eines Tages zum Frieden beitragen würden. »Ich möchte einen Stoff oder eine Maschine schaffen können, von so fürchterlicher, massenhaft verheerender Wirkung, dass da durch Kriege überhaupt unmöglich werden«, vertraute er einst Bertha von Suttner an.

**FÜR BESSERWISSER**

**Der Wirtschaftsnobelpreis**

**Alfred Nobel begründete fünf Nobelpreise: Der Wirtschaftsnobelpreis stammt nicht von ihm. Er wurde erst 1969 von der Schwedischen Reichsbank zum Andenken an ihn gestiftet.**

### Das Erbe – die Nobelpreise

Nobel starb im Jahr 1896. Sein Testament brachte eine große Überraschung. Nobel stiftete nahezu sein gesamtes Vermögen – 33 von 34,5 Millionen Schwedische Kronen – für eine Stiftung, die regelmäßig die bedeutendsten Beiträge auf dem Gebiet der Physik, der Chemie, der Medizin, der Literatur und für den Erhalt des Weltfriedens auszeichnen sollte.

## Erfindungen des 17. Jahrhunderts

Im 17. Jahrhundert tat sich Entscheidendes in der Mathematik: Der französische Philosoph und Mathematiker René Descartes erfand die analytische Geometrie und das Kartesische Koordinatensystem. Damit ließen sich geometrische Probleme algebraisch berechnen. In der zweiten Hälfte des Jahrhunderts entwickelten Isaac Newton und Gottfried Wilhelm Leibniz dann unabhängig voneinander die Differentialrechung, mit der sich errechnen lässt, wie sich Vorgänge bezüglich Zeit und Raum verändern.

Um 1620 stellte der Engländer Dud Dudley durch das Verschwelen von Steinkohle den ersten Koks her, hielt das Verfahren aber geheim. Es wurde erst um 1735 durch Abraham Darby »neu erfunden«. Der Einsatz von Koks, der bei höheren Temperaturen als Kohle verbrennt, war für die Stahlerzeugung notwendig geworden.

1656 erfand der niederländische Physiker Christiaan Huygens die Pendeluhr, die exakter als die bislang üblichen Feder- und Gewichtsuhren ging.

1657 zeigte Otto von Guericke in einem Aufsehen erregenden öffentlichen Experiment in seiner Geburtsstadt Magdeburg, welche Kraft durch einen Unterdruck entsteht. Sechzehn Pferden gelang es nicht, zwei zusammengelegte leer gepumpte Kupferhalbkugeln von etwa 30 Zentimeter Durchmesser auseinander zu reißen. Als Guericke wieder Luft in die Kugel ließ, fiel sie zur Überraschung der Anwesenden von allein auseinander. Für diesen Versuch hatte Guericke eine Kolbenluftpumpe erfinden müssen, die in den folgenden Jahren viele physikalische Versuche überhaupt erst möglich machte.

1668 baute Isaac Newton das erste Spiegelteleskop.

1689 erfand der Franzose Denis Papin die so genannte Kreiselpumpe. Ihre Saugwirkung entsteht durch einen Unterdruck, der durch die Zentrifugalkraft der Pumpe verursacht wird.

1691 entwickelte der englische Ingenieur John Tyzacke eine mechanische Trommelwaschmaschine mit Kurbelantrieb.

# Blick in den Körper – die Röntgenstrahlen

**Der Mensch, der der Medizin ein revolutionäres Diagnoseverfahren bescherte, war kein Arzt, sondern ein angesehener Physikprofessor in Würzburg. Eigentlich hatte er andere Dinge erforschen wollen, doch als er eines Nachts in seinem Labor merkwürdige Phänomene entdeckte, warf er seine Pläne über den Haufen und widmete sich ganz der seltsamen Erscheinung.**

## Grünes Leuchten

Der deutsche Physiker Wilhelm Conrad Röntgen experimentierte Ende des 19. Jahrhunderts mit – von dem Instrumentenbauer und Glasbläser Heinrich Geißler und dem Wissenschaftler Julius Plücker erfundenen – Elektronenröhren. Diese Vakuumröhren, in denen ein lenkbarer Elektronenstrahl erzeugt werden konnte, waren damals groß in Mode und bereits von zahlreichen Forschern verbessert worden.

Röntgen bastelte eine eigene Röhre, in der er den Elektronenstrahl auf eine möglichst kleine Fläche an der gegenüberliegenden Röhrenwand konzentrierte. Da sich die Strahlen nur in völliger Dunkelheit verfolgen ließen, arbeitete er nachts und wickelte die Röhre zusätzlich in schwarzes Papier ein.

In der Nacht zum 9. November 1895 entdeckte er auf einer meterweit seitlich von der Röhre stehenden, mit Bariumplatincyanid beschichteten Platte ein grünliches Leuchten. Das Phänomen konnte nicht durch

**Röntgen schuf mit seinen Strahlen eines der zentralen diagnostischen Verfahren**

seine Elektronenstrahlen hervorgerufen worden sein kann, da das Leuchten verschwand, wenn er den Strom der Röhre abschaltete. Es musste sich also um eine bislang unbekannte Art von Strahlung handeln. Röntgen hielt Gegenstände zwischen die Röhre und die fluoreszierende Platte und sah voller Erstaunen auf dieser die Fingerknochen seiner eigenen Hand. Erst mit Blei ließen sich die unheimlichen Strahlen abschirmen. Am Morgen machte Röntgen die nächste Entdeckung. Als der Forscher gut eingepackte fotografische Platten aus seinem Schreibtisch holte, stellte er fest, dass sie geschwärzt waren. Er entwickelte sie und sah den Abdruck eines Schlüssels, der zufällig auf dem Schreibtisch gelegen hatte. Röntgen arbeitete fortan fieberhaft daran, den Eigenschaften der X-Strahlen, wie er sie nannte, auf den Grund zu kommen.

**FÜR BESSERWISSER**

**Die Entstehung der Strahlen**

**Röntgens Elektronenröhre war so konzipiert, dass ein Elektronenstrahl auf halbem Weg durch eine Anode aus Metall, also einen Pluspol, abgebremst wurde. Dadurch werden Elektronen aus den Metallatomen geschlagen, die die Röntgenstrahlen erzeugen. Es entstehen Bilder, weil die Strahlen ein Material entsprechend seiner Dichte unterschiedlich gut durchdringen.**

### Die Hand von Frau Röntgen

Sechs Wochen nach seiner Entdeckung präsentierte Röntgen sie der Öffentlichkeit und führte dabei eine Aufnahme von der Hand seiner Frau vor. Ein Kollege schrieb später: »Beim Lesen von Professor Röntgens Mitteilungen über eine neue Art von Strahlen konnte ich mich des Gedankens nicht erwehren, ein Märchen vernommen zu haben, wenn auch der Name des Autors mich von diesem Wahne schnell befreite.« Die Mediziner wurden sofort hellhörig. Weitere sechs Wochen später wurde zum ersten Mal ein verletzter Finger geröntgt, bald darauf ein Knochenbruch. Ein Jahr später war das Diagnoseverfahren schon weit verbreitet. Doch der Forscher entdeckte neben der Medizin noch ein zweites wichtiges Anwendungsfeld für »seine Strahlen« im industriellen Bereich. Mit den Strahlen ließ sich nämlich untersuchen, ob technische Verbindungen, zum Beispiel

Schweißnähte oder gegossene Teile, einwandfrei gelungen waren.

### Verbesserte Verfahren

Röntgen meinte, dass die Strahlen erst noch untersucht werden müssen, bevor sie in der Medizindiagnostik zum Einsatz kommen. 1905 zeigte sich, dass das Durchstrahlen eines Körpers mit Röntgenstrahlen den menschlichen Organismus tatsächlich angriff, weshalb Bleischürzen als Schutzkleidung eingeführt wurden. 1913 entwickelte der Amerikaner Coolidge Hochvakuum-Röntgengeräte, die die Bestrahldauer erheblich reduzierten. 1972 erfanden sein Landsmann Cormack und der Brite Hounsfield den Computertomographen, der den Körper von allen Seiten Schicht um Schicht abbilden kann. Ganz ähnliche Schnittbilder erzeugt der Magnetfeld- oder Kernspintomograph. Er arbeitet nicht mit Röntgenstrahlen, sondern misst stattdessen bei jedem Gewebe den unterschiedlichen magnetischen Moment, der bei der Drehung der Protonen im Atomkern entsteht (Kernspin). Das Gerät wurde 1982 erstmals eingesetzt.

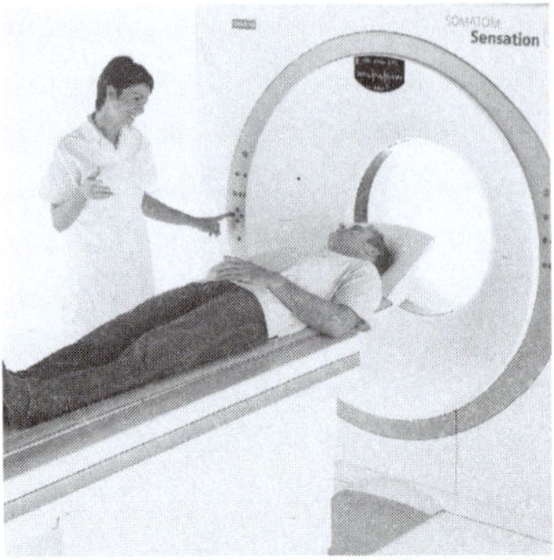


**Die Kernspintomographie gehört zu den jüngsten hochmodernen Diagnoseverfahren in der Humanmedizin**

### ➤ Alles für die Wissenschaft

**Conrad Röntgen ging bewusst nicht zum Patentamt, um sein gewerbliches Schutzrecht in Anspruch zu nehmen. Er wollte, dass seine Erfindung, die so viel Positives für die Menschheit versprach, von jedem frei genutzt werden konnte. Auch an einem finanziellen Gewinn war er nicht interessiert. Die Summe, die er 1901 für den Physiknobelpreis – übrigens den ersten, der überhaupt vergeben wurde – bekam, spendete er der Universität Würzburg, an der er als Rektor tätig war. 22 Jahre später starb er als armer Mann.**

# Baustoff der Moderne – Stahl und Stahlbeton

**Die Erfindung neuer Werkstoffe wird oft vernachlässigt, dabei sind sie die Voraussetzung für andere Neuerungen. Ohne bessere Schienen wäre die Eisenbahn nie ins Rollen gekommen. Ohne große Mengen an preiswertem Stahl und belastbarem Stahlbeton hätten die Hochhäuser, Brücken und Repräsentationsbauten der Moderne nicht gebaut werden können.**

## 20-Minuten-Stahl

Henry Bessemer wurde 1813 als Sohn eines Schriftgießers im englischen Hertfordshire geboren und arbeitete später in der Werkstatt seines Vaters mit. In seiner Freizeit erfand er neue Letterngießmaschinen, Stempelprägeformen, verschiedene Pressen für Bleistiftminen, Zuckerrohr und Briketts, mehrere Öfen für optisches Glas, ein Verfahren zur Erzeugung von Bronzestaub und einiges mehr. Bis zum Ende seines Lebens brachte er es auf 117 Patente.

1853 führte England gegen Russland auf der Halbinsel Krim Krieg und der vielseitig interessierte Bessemer beschäftigte sich mit der Frage, ob Kanonenkugeln nicht präziser fliegen würden, wenn sie nicht länglich, sondern zugespitzt wären und an der Seite feine Kanäle hätten. Von der Kugel gelangte er so zum Kanonenrohr und von dort zur Eisenerzeugung.

## Unerschrockener Beginn

Obwohl die Herstellungsverfahren für Eisen im Lauf der Jahrhunderte immer wieder verbessert worden waren, war es zu jener Zeit immer noch ein aufwändiger und ungeheuer energieintensiver Prozess, dem Roheisen den Kohlenstoff und andere unerwünschte Beimischungen zu entziehen, sodass reiner, harter Stahl entstand. So begann Bessemer mit seinen Experimenten. Dass diese vor ihm schon von anderen Forschern gemacht worden waren, wusste er nicht, da er wenig Ahnung von der Materie hatte. Auch seine Idee, Luft in das flüssige Roheisen zu blasen, um die Beimischungen zu entfernen, war bereits bekannt. Zu Beginn hatte man dafür kalte Luft verwendet, doch dann hatte sich herausgestellt, dass man mit heißer Luft höhere Temperaturen erreichen konnte und dadurch eine bessere Ausbeute erzielte.

Henry Bessemer jedoch blies unverdrossen abenteuerlich große Mengen an kalter Luft in ein birnenförmiges, fast geschlossenes Schmelzgefäß, das er selbst konstruiert hatte, und stellte dabei fest, dass die Masse nicht abkühlte, sondern nach einiger Zeit immer mehr ins Brodeln geriet. Als die Masse nach etwa zwanzig Minuten zur Ruhe kam, hatte Bessemer festen, feinkörnigen Stahl erzeugt.

### Was war passiert?

Mit der kalten Luft waren große Mengen an Sauerstoff in die fast geschlossene Birne gelangt. Dieser reagierte dort mit dem im Eisen enthaltenen Kohlenstoff zu Kohlenmonoxid, das in der Hitze ebenso wie das unerwünschte Silizium verbrennt und die Temperatur in der Birne um rund 400 °C erhöhte. Der Stahl wurde also nicht von außen mit zusätzlicher Energie, sondern mit dem im Roheisen enthaltenen Kohlenstoff auf direkte Weise gekocht. Die Stahlproduktion wurde dadurch um ein Vielfaches schneller und billiger, sodass sich viele Hersteller von dem neuen Verfahren überzeugen ließen. Doch es funktionierte nicht: Bessemer hatte nämlich zufällig phosphorarmes Eisen erwischt, während in England sonst viel Phosphor im Eisen vorkommt. Der Erfinder kam dem Problem auf den Grund und präsentierte 1862 auf der Londoner Weltausstellung beste Stahlerzeugnisse zu einem unschlagbaren Preis.

> **FÜR BESSERWISSER**
>
> **Schöner Ruheabend**
> **Pro Tonne Stahl, die mit seiner Methode erzeugt wurde, kassierte Henry Bessemer ein Pfund. Er wurde zum Millionär, erhielt einen Adelstitel, überließ die Verbesserung seiner Birne anderen und widmete sich selbst der Konstruktion von Fernrohren, der Diamantenschleiferei und anderen Vergnügungen eines zufriedenen Erfinders.**

### Die Idee des Gärtners

Neben Stahl wurde in der zweiten Hälfte des 19. Jahrhunderts auch

Beton in immer größeren Mengen benötigt. Aber alle verbesserten Herstellungsverfahren hatten nichts daran geändert, dass das Baumaterial so gut wie keine Zugkräfte aushielt. Auch der französische Gärtner Joseph Monier ärgerte sich mit solchem Beton herum, als er versuchte, große Blumenkübel daraus zu gießen. Aber der Zement wurde beim Abbinden bröckelig und seine Kübel zerfielen.

### Nach dem Vorbild der Natur

Doch Monier kannte die Tricks der Pflanzen: In vielen Fällen wird in der Natur wenig belastbares Gewebe durch eingelagerte, verholzte Stränge oder Gitter stabilisiert. Nach diesem Muster bettete Monier ein Gerippe aus Draht in den Beton und stellte fest, dass die Sache funktionierte.

1867 meldete er den so genannten Stahlbeton zum Patent an. In schneller Folge heimste der einstige Gärtner dann ein neues Patent nach dem anderen ein, 1868 für Röhren aus eisenbewehrtem Zement, 1869 für Fassadenelemente, 1873 für Brücken und Stege und 1878 für Balken. Monier baute zudem Tanks von über 130 Kubikmeter Fassungsvermögen mit dem neuen Material und ließ 1875 im Schlosspark des französischen Ortes Chazelet die erste Brücke aus Stahlbeton errichten.

### ➤ Lernen von den Pflanzen

**Dass man noch immer von den Pflanzen lernen kann, bewies Wilhelm Barthlott, ein Botanikprofessor aus Bonn, der in den 1980ern beobachtete, dass Kapuzinerkresse, Kohlblätter oder weiße Lotusblätter nie schmutzig werden, obwohl sie äußeren Einflüssen ausgesetzt sind. Er untersuchte daraufhin das Reinigungssystem dieser Schmutz abweisenden Pflanzen. Ihre Oberfläche ist nicht glatt, sondern so fein aufgeraut, dass Schmutzteilchen, selbst Klebstoff, nur oberflächlich hängen bleiben und bei Regen abperlen. Dieser Effekt wird durch eine feine Wachsschicht verstärkt, die die Pflanzen überzieht. So können sich die Pflanzen von selbst reinigen – ein Vorgang, den Barthlott als »Lotus-Effekt« bezeichnet. Er erbrachte damit den Beweis, dass sich glatte Oberflächen nicht zwingend besser reinigen lassen als raue Oberflächenstrukturen.**

# Gefährliche Kräfte werden frei – die Kernspaltung

**Die meisten Erfindungen beeinflussen unser Leben, indem sie genutzt werden. Die Atombombe dagegen beeinflusst die gesamte Weltpolitik, ohne dass sie zur Anwendung kommt. Allein die Aussicht, ein Land könnte in den Besitz dieser Technik kommen, löst Kriege mit all ihren Konsequenzen aus. Dabei hatte ursprünglich niemand nach dieser technischen Möglichkeit gesucht.**

### Der Zufall und die Bombe

Im Jahr 1938 passierte ein Unfall: Der deutsche Chemiker Otto Hahn und sein Kollege Friedrich Straßmann wollten eigentlich Transurane herstellen, das sind künstliche Elemente, die schwerer sind als Uran. Dafür beschossen sie Uran mit Neutronen. Da der Versuchsaufbau recht primitiv war und Hahn nicht allzu viel von Atomphysik verstand, erhielten die beiden statt der gesuchten Transurane eines Tages Barium und Krypton – zwei Elemente, die leichter sind als Uran. »Das Biest hat etwas getan, was nach der reinen Lehre der Physik verboten war«, meinte Hahn später, »es war einfach geplatzt.«

Hahn konsultierte eine Beraterin für Kernphysik, seine langjährige Kollegin Lise Meitner, die vor den Nazis nach Skandinavien geflohen war. Zusammen mit ihrem Neffen Otto Robert Frisch entwarf Meitner ein schwer vorstellbares Szenario: Da die Bindungskräfte innerhalb eines Atomkerns so groß sind, dass eine Spaltung bisher undenkbar galt, muss bei der Zerstörung auch eine große Menge an Energie frei werden. Außerdem werden beim Zerfall in leichtere Elemente überzählige Neutronen frei. Wenn diese auf weitere Kerne stoßen und sie spalten, kann eine ungeheure Energiemenge freigesetzt werden.

### Warnungen von Wissenschaftlern

Viele Wissenschaftler, vor allem Flüchtlinge aus Deutschland wie Albert Einstein, wiesen US-Präsi-

Die Kernenergie stellt die Technik noch heute vor große Herausforderungen

dent Franklin Delano Roosevelt eindringlich auf die Gefahr hin, dass Deutschland diese Erkenntnis für den Bau einer Bombe nutzen könnte. 1942 startete Roosevelt das Manhattan-Projekt, das das Ziel verfolgte, noch vor den Deutschen eine Atombombe zu erfinden. Drei Monate später bewies der ebenfalls vor den Faschisten emigrierte italienische Forscher Enrico Fermi, dass Lise Meitner Recht hatte. Er erzeugte in Chicago die erste atomare Kettenreaktion der Welt.

## Der Wettlauf um die Bombe

Rund 150 000 Menschen waren an diesem Projekt beteiligt, doch nur etwa 100 Spitzenwissenschaftler wussten, dass es dabei um den Bau einer Bombe ging. Die Leitung hatte der amerikanische Atomphysiker Julius Robert Oppenheimer inne. Wie Fermi herausgefunden hatte, waren mindestens 23 Kilo spaltbares Uran 235 nötig, um eine Kettenreaktion in Gang zu setzen. Pro Gramm Uran können dann etwa 23 000 Kilowattstunden Energie frei werden. Die Bombenbauer teilten diese »kritische Masse« auf zwei »unkritische« Mengen auf, die mit einer konventionellen Sprengstoffexplosion zusammengebracht werden können. Dabei musste aber verhindert werden, dass nach der Zündung das spaltbare Material durch eine verfrühte Explosion der Bombe zerstreut wird. Die Bombe sollte erst detonieren, wenn eine Kettenreaktion bereits in Gang gekommen ist.

**FÜR BESSERWISSER**

### Schreckliches Erwachen

**Viele Wissenschaftler, die an der Entwicklung der Bombe mitgewirkt haben, verurteilten nach der Katastrophe von Japan ihren Einsatz. Lise Meitner hatte sich, obwohl sie von den USA immer wieder dazu gedrängt wurde, von Anfang an geweigert, an der Entwicklung mitzuwirken. Nach dem Kriegsende setzten sich Meitner und Otto Hahn energisch gegen die militärische Nutzung der Atombombe ein.**

> **Knapp am GAU vorbei**
>
> 1957 gab es in Windscale beinahe den größten anzunehmenden Unfall (GAU), der die Auswirkungen von Tschernobyl sogar noch übertroffen hätte. Ein Test war außer Kontrolle geraten und der Reaktorkern in Flammen aufgegangen. Keiner der Experten wusste, wie man einen derartigen Brand löscht. 25 Tonnen flüssiges Kohlendioxid zeigten keine Wirkung. Schließlich griff man zu Wasser als Löschmittel, obwohl man wusste, dass die Hitze eine Wasserstoffexplosion hätte hervorrufen können, die den Reaktor zerfetzt hätte. 9 Millionen Liter Wasser konnten den Brand schließlich besiegen. Wie viel radioaktive Strahlung bei dem Unfall freigesetzt wurde, wurde in der Öffentlichkeit nicht bekannt, da der Unfall damals vertuscht worden ist.

Als in der Wüste von New Mexico bei Los Alamos am 16. Juli 1945 der erste Versuch startete, hatte Deutschland bereits kapituliert. Kurz darauf entschied die amerikanische Regierung, Atombomben auf die japanischen Städte Hiroshima und Nagasaki zu werfen, um Japan zur Kapitulation zu bewegen. Bei den Abwürfen kamen mindestens 200 000 Menschen ums Leben.

Doch gerade angesichts der furchtbaren Bilder aus Japan wagte in Zukunft keine Großmacht mehr, ohne die Bombe zu sein. Das atomare Aufrüsten begann.

### Zivile Nutzung

Enrico Fermi versuchte die atomare Kettenreaktion mit Kadmiumstäben zu kontrollieren. Es gelang ihm, Neutronen abzufangen, sodass es zu einer stabilen Freisetzung von Energie kam.

1951 wurde in dem Versuchsreaktor EBR 1 in Idaho erstmals durch Kernspaltung Strom erzeugt. Die durch die Kernspaltung freigesetzte Wärmeenergie erhitzte ein Kühlmittel, das über einen Wärmetauscher die Turbine antrieb, die Strom erzeugte. Es war aufwändige Technik nötig, um den Spaltungsprozess zu kontrollieren und zu verhindern, dass radioaktive Strahlung ins Freie gelangte. 1954 ging in Obninsk bei Moskau das erste Atomkraftwerk in Betrieb. Zwei Jahre später lief im britischen Sellafield der erste Reaktor an.

# Weltmarke aus der Drogerie – Coca-Cola

**Viele Erfinder hängen hochgespannte Erwartungen an ihr Produkt und werden dann enttäuscht. Doch es funktioniert auch umgekehrt – eine unscheinbare Erfindung macht eine große Karriere. Für nichts trifft das wohl so sehr zu wie für Coca-Cola. Laut Konsumforschern ist die Mixtur eines amerikanischen Drogisten heute die bekannteste Marke der Welt.**

## Kokain und Colanüsse

Im 19. Jahrhundert ging man mit Drogen nicht zimperlich um. Morphium galt als Mittel gegen Kopfschmerzen, Müdigkeit und Depressionen. Dass es nicht ganz frei von Nebenwirkungen war, musste John Stith Pemberton am eigenen Leib erfahren. Der Drogist aus Atlanta wurde davon süchtig. Pemberton hatte schon diverse Mixturen von Parfums, Photochemikalien und Medikamenten entwickelt. 1885 mischte er aus Wein, Extrakten der koffeinhaltigen Cocanuss, kokainhaltigen Kokablättern und Damiana, einem südamerikanischen Malvengewächs mit stimmungsaufhellender und angeblich aphrodisierender Wirkung, einen Drink. Diesen vermarktete er als Pemperton's French Wine Coca, ein Mittel gegen Erschöpfung, Verdauungsbeschwerden und Depressionen sowie Impotenz und hoffte, dass er ihn selbst von seiner Morphiumsucht befreite. Letzteres stellte sich als reine Illusion heraus, doch in der Oberschicht von Atlanta kam der pharmazeutische Cocktail sehr

**FÜR BESSERWISSER**

**Die Sache mit der Nuss**

Der aus Afrika stammenden Colanuss wird eine schmerzstillende, verdauungsfördernde, aber appetithemmende und auch aphrodisierende Wirkung zugeschrieben. Sie schmeckt allerdings ziemlich bitter. Um diese Geschmacksnote zu überdecken, hatte Pemberton den aufwändigen Mix an verschiedenen Aromen erfunden, der noch heute den typischen Coca-Cola-Geschmack ausmacht – also eigentlich ein Anti-Cola-Aroma war.

gut an. Kurze Zeit später wurde das Gesetz zur Prohibition beschlossen, Handel und Konsum von Alkohol verboten. Pemberton kreierte darauf aus seinen bisherigen Zutaten einen alkoholfreien Sirup, den er mit Sodawasser gestreckt 1886 in seinem Laden ausschenkte.

Die braune Limonade verkaufte sich und Pemberton, dem es durch seine Sucht gesundheitlich immer schlechter ging, verkaufte das Rezept, das im Gegensatz zum Wein legal war, gleich mehrfach. Nach seinem Tod 1888 gründete der Unternehmer Asa Griggs Chandler die Coca-Cola-Company.

### Der Aufstieg

Die Prohibition verschaffte dem Getränk einen guten Start. Bereits 1895 wurde es in ganz Amerika vertrieben und ein Jahr später im Ausland. Chandler betrieb einen Kult um das Rezept und investierte bereits damals Zehntausende von Dollar in die Werbung. 1919 konnte sein Sohn einen Großteil der Anteile für 25 Millionen Dollar verkaufen. Robert Woodruff, der neue Chef der Firma, begann mit einer aggressiven Vermarktungskampagne, die Coca-Cola zum festen Bestandteil des amerikanischen Lebensstils machte. Das Getränk sollte nie »mehr als eine Armlänge entfernt« sein. Im Zweiten Weltkrieg verkaufte Woodruff Soldaten die Flasche weiterhin zum ursprünglichen Preis von 5 Cent, was ihm große staatliche Vergünstigungen einbrachte. Heute wird allein der Markenname auf einen Wert von über 50 Milliarden Euro geschätzt.

### ➤ Das Rezept

**Das Coca-Cola-Rezept ist bis heute geheim geblieben. Sicher ist jedoch, dass 1903 das Kokain aus der Limonade verschwand, nachdem klar geworden war, dass es süchtig macht. Um den Namen des Getränks aber weiterhin rechtfertigen zu können, setzte man dem Drink einen Extrakt aus wirkstofffreien Kokablättern und Spuren von Colanüssen zu. Das Malvengewächs Damiana ist heute wohl nicht mehr enthalten. Neben Koffein, Phosphorsäure und Karamell befinden sich wahrscheinlich Vanille, Zitrus- und Gewürzöle wie Kassia, Koriander und Muskat in der Rezeptur.**

## Erfindungen des 18. Jahrhunderts

1716 wurden in England die ersten modernen Zentralheizungen konstruiert, die mit warmem Wasser betrieben wurden.

1718 verbesserte der Danziger Glasbläser Daniel Gabriel Fahrenheit die primitiven Thermometer und führte eine Eichskala ein, die durch den Gefrier- und den Siedepunkt von Wasser bestimmt wird. 1742 wurde die Skala von dem Schweden Anders Celsius verbessert.

**Guericke baute dieses Luftthermometer**

1752 konstruierte der amerikanische Naturwissenschaftler und Politiker Benjamin Franklin den Blitzableiter. Die Idee kam ihm, als er während eines Gewitters Drachen steigen ließ und dabei einen elektrischen Schlag erhielt.

1767 verlegte der britische Eisenwerksbesitzer Reynolds in Coalbrookdale die ersten gusseisernen Schienen für eine von Pferden gezogene Straßenbahn.

1780 fertigte der französische Mechaniker Reignier die ersten handgedrehten Stahlseile an. Im gleichen Jahr noch begann die Firma Harrison in Birmingham mit der Stahlfedernfertigung.

1786 fand der Brite William Watson ein Verfahren, um Weißblech vor Rost zu schützen.

1791 erfand der französische Arzt Nicolas ein Verfahren zur künstlichen Herstellung von Soda. Soda wurde für die Produktion von Seife, für die Herstellung von Glas, Farben und Papier sowie für die Metallverarbeitung gebraucht.

1792 führte John Murdock, ein enger Mitarbeiter von James Watt, in der Dampfmaschinenfabrik die künstliche Beleuchtung mit Gasflammen ein.

1797 konstruierte der Engländer Henry Maudsley die erste Präzisionsdrehbank zur Herstellung von Werkzeugen.

1799 erfand der Chemiker Franz Karl Achard ein Verfahren, aus Runkelrüben Zucker zu gewinnen. Dass Rüben Zucker enthalten, hatte 1747 sein Lehrer Andreas Marggraf entdeckt.

# Erfindungen und Erfinder heute

Im 19. Jahrhundert wurde eine unglaubliche Menge an Erfindungen gemacht. Als das Jahrhundert zu Ende war, wandte sich deshalb der Leiter des amerikanischen Patentamtes in New York in einem Brief an den Bürgermeister der Stadt und legte ihm nahe, das Amt zu schließen. Alles, was erfunden werden könne, meinte er, sei jetzt erfunden. Mit weiteren Erfindungen von Bedeutung sei nicht zu rechnen.

Der Mann irrte sich: Das 20. Jahrhundert konnte mit Erfindungen aufwarten, die mindestens so revolutionär waren wie die des 19. Jahrhunderts. Auch für das 21. Jahrhundert werden die Ideen sicherlich nicht ausgehen. Allerdings hat sich die Art der Erfindungen geändert. Während man im 19. Jahrhundert stolz auf immer größere Maschinen und Apparate war, finden heute die wichtigsten Entwicklungen in immer kleineren Dimensionen statt. Das hat natürlich Auswirkungen auf die Erfinder. Die Chance, auf begabte und phantasievolle Autodidakten zu treffen, die bahnbrechende Erfindungen machen, ist kleiner geworden. Stattdessen arbeiten Teams von Spitzenwissenschaftlern in Speziallabors ganz gezielt an Neuerungen.

# Hoch über der Erde – Satelliten

**An der Raumfahrt scheiden sich die Geister. Ist sie wirklich nötig? Müssen wir wissen, wie es auf dem Jupiter aussieht, und war die Landung auf dem Mond wirklich mehr als ein großes Spektakel? Doch diese spektakulären Aktionen sollen nicht davon ablenken, dass sich der wichtigste Teil der Raumfahrt auf einem ganz anderen Gebiet abspielt. Viele Bereiche der Technik stützen sich inzwischen auf Satelliten.**

## Wettlauf im Kalten Krieg

Eigentlich wollten die Amerikaner die Ersten sein. Am 29. Juli 1955 kündigte Präsident Eisenhower an, sein Land würde innerhalb der nächsten drei Jahre einen Forschungssatelliten in die Erdumlaufbahn schießen. Wenige Tage später konterte der Vorsitzende der sowjetischen Kommission für Interplanetaren Flug, der Physiker Leonid Sedow, die UdSSR werde einen noch wesentlich größeren und schwereren Satelliten in die Umlaufbahn bringen.

Zu diesem Zeitpunkt gab es von der Rakete, die den künstlichen Erdtrabanten transportieren sollte, erst einen Plan und auf dem künftigen Startplatz in Baikonur waren gerade einmal die ersten Bagger aufgefahren. Doch mit ihrem Chefkonstrukteur Sergej Koroljew verfügten die Sowjets über einen Mann, der nicht nur ein genialer Techniker war – von ihm stammen sowohl die Pläne für den Sputnik wie auch für die ersten Weltraumraketen –, sondern auch über große organisatorische Fähigkeiten verfügte.

Koroljew baute die Interkontinentalrakete SS-6 für den Welt-

**Eine Vielzahl von Satelliten umkreisen mittlerweile die Erde**

raum um. Den Satelliten jedoch, der eigentlich fast eineinhalb Tonnen wiegen und rund 250 Kilo Forschungsgeräte an Bord nehmen sollte, speckte er gründlich ab. Der auf den Namen Zelmi getaufte Sputnik (russisch = Weggefährte) wurde nur 80 Kilo schwer und konnte gerade einmal ein Funksignal zur Erde piepsen. Das aber tat er schneller, als es der Rest der Welt erwartet hatte. Obwohl die Tests mit sehr unterschiedlichem Erfolg verliefen, zündeten die Sowjets am 4. Oktober 1957 ihre erste Weltraumrakete. Nur kurze Zeit später meldete sich der Satellit.

Der Schock in den USA war riesengroß. Während Sputnik 1 ganze 57 Tage lang um die Erde kreiste und bereits am 2. November 1957 Gesellschaft von Sputnik 2 mit der Hündin Laika an Bord bekam, arbeiteten die Amerikaner fieberhaft daran, ihren Rückstand aufzuholen. Am 31. Januar 1958 wurde der Explorer 1 in die Umlaufbahn geschickt und lieferte 112 Tage lang Daten über kosmische Strahlen und Minimeteoriten. Explorer 2

## Die Raketenpioniere

Technisch gesehen sind sich alle Raketen von der Silvester- bis zur Weltraumrakete ähnlich. Sie funktionieren alle mit dem Rückstoßprinzip. Zu Beginn des 20. Jahrhunderts stellte jedoch der russische Forscher und Physiklehrer Konstantin Ziolkowski, der über die Lektüre von Jules Verne zum »Weltraumbesessenen« wurde, das Postulat auf, dass Weltraumraketen einen Antrieb mit Flüssigtreibstoff benötigten, um genügend Schub zu entwickeln. Der Amerikaner Robert Hutschins Goddard probierte dies 1926 mit einem kleinen Raketenmodell das erste Mal aus. In Deutschland begann Wernher von Braun, das Prinzip zu verbessern. Seine Forschungen, die zwangsläufig unter militärische Kontrolle gerieten, führten ab 1942 zum Bau der V2, die in den letzten Kriegsjahren mit Sprengstoff bestückt zu Tausenden auf England, Holland und Belgien gefeuert wurde. »Die V2 war eine erstklassige Rakete. Ihr einziger Fehler war, dass sie auf dem falschen Planeten landete«, sagte Braun später. Er entwickelte sie nach dem Krieg in den USA zur Saturn V weiter, die 1969 auf dem Mond landete.

brachte im März 1958 die Erkenntnis, dass die Erde an den Polen abgeflacht ist. 1960 wurde mit dem Echo 1 A der erste Nachrichtensatellit ausgesetzt.

### FÜR BESSERWISSER

**Besondere Satelliten**

**Als Satelliten werden alle künstlichen Körper bezeichnet, die auf einer Umlaufbahn um die Erde kreisen. Deshalb sind auch Raumstationen wie die Mir und ISS technisch gesehen nur große Satelliten. Auch das Weltraumteleskop Hubble, das seit 1990 auf einer Umlaufbahn kreist, ist ein Satellit.**

### Unverzichtbar für Forschung und Kommunikation

Inzwischen kreisen Tausende von Satelliten um die Erde. Sie dienen wissenschaftlichen, technologischen und militärischen Zwecken. Durch sie werden Telefongespräche, Fernsehprogramme und digitale Bilder übertragen. Sie werden für Wetterprognosen, militärische Aufklärung und Navigationssysteme zu Land und vor allem auf See benötigt. Seit 1984 können dank des Spaceshuttles Satelliten auch wieder eingefangen und repariert werden. 1989 startete zum ersten Mal eine private Rakete, die einen britischen Fernsehsatelliten ins All brachte.

In den Wettervorhersagen hat man sich inzwischen an Satellitenbilder gewöhnt. Doch sie sind viel mehr als Spielerei. Was sich in großer Höhe über der Erde oder über den Meeren tut, kann von der Erde aus nur unzureichend beobachtet werden. Vor allem Veränderungen in der Atmosphäre können nur mit Hilfe von Satelliten aufgespürt werden. Die Satellitenmeteorologie ist inzwischen zu einem eigenen Zweig der Wetterkunde geworden.

Die Beobachtung der Erde durch Satelliten liefert Wissenschaftlern in vielen Fällen wichtige Informationen. Aber sie kann natürlich auch missbraucht werden. Ein großer Teil der Satelliten dient Militär- und Spionagezwecken, die jeden Winkel der Erde für Beobachter zugänglich machen. Wie gut das Auflösungsvermögen von Satellitenbildern inzwischen ist, ist natürlich militärische Geheimsache. Aber man vermutet, dass es noch nicht zum Lesen von Autonummern oder zum Erkennen individueller Personen reicht. Eine Totalüberwachung in der Zukunft ist jedoch denkbar.

# Millionen Bauteile auf kleinstem Raum – die Halbleitertechnik

**Die ersten Computer waren Giganten, die ganze Räume füllten und immens teuer waren. Nur extrem wenige Einrichtungen ließen sich damit vornehmen und nur Spezialisten konnten sie bedienen. Das änderte sich erst, als man die besonderen Fähigkeiten von Germanium und Silizium entdeckte.**

**Vom Transistor zum Mikroprozessor**
Unter Halbleitern versteht man Körper, die unter gewissen Bedingungen elektrischen Strom leiten, unter anderen nicht. Doch obwohl schon Alessandro Volta ihre Existenz vermutet und Michael Faraday sie bestätigt hatte, wurden solche obskuren Elemente von der Fachwelt wegen dieser dubiosen Eigenschaften lange Zeit mit Misstrauen bedacht. Erst der britische Physiker Alan Herries Wilson machte 1939 darauf aufmerksam, wie gut die elektrische Leitfähigkeit von Germanium und Silizium beeinflussbar ist. In der Folge wurde vor allem in den amerikanischen Bell Laboratories unter der Leitung von Gordon Teal daran geforscht, wie sich aus Silizium- und Germaniumscheiben Schalter oder Verstärker machen lassen. Hochreine Scheiben des Materials werden dafür gezielt mit Fremdatomen »verunreinigt«. Anschließend reichen schwächste Spannungen, um die unzureichend angebundenen Elektronen zu lösen und fließenden Strom zu erzeugen.

**FÜR BESSERWISSER**

### Gedruckte Bauteile

Um ganze Schaltkreise auf den Chips unterzubringen, muss man die einzelnen Elemente aufdrucken. Diese Idee ist nicht neu. Bereits 1949 begann man, Schaltkreise zu projizieren, indem man die nötigen Elemente mit säurefestem Lack auf kupferkaschierte Pressstoffplatten druckte. Danach wurden die nicht bedruckten Teile des Kupfers mit Säure weggeätzt und die elektrisch leitenden Bahnen aus Kupfer blieben übrig. Ähnlich verfährt man auch bei den integrierten Schaltkreisen auf Halbleiterchips.

1947 bauten drei Bell-Mitarbeiter, John Bardeen, Walter Houser Brattain und William Shockley, einen Verstärker aus einem Germaniumplättchen, den sie Transistor nannten. Er hatte ähnliche Eigenschaften wie die zuvor als Verstärker eingesetzten Elektronenröhren, war aber viel kleiner, langlebiger, energiesparender und unkomplizierter. Transistoren wurden nicht nur in Computern verwendet, sondern ab 1951 auch in Hörgeräten und ab 1955 in Transistorradios.

## Halbleiterbausteine

Da auf den Halbleiterplättchen jedoch nur in den verunreinigten Bereichen Strom fließt, ist es möglich, mehrere elektronische Elemente auf einem Plättchen anzubringen. 1958 kam Jack Kilby, ein junger, frisch eingestellter Elektroingenieur bei Texas Instruments, auf die Idee, einen ganzen Schaltkreis bestehend aus Transistoren, Widerständen und Kondensatoren – insgesamt knapp ein Dutzend Teile – auf ein Halbleiterplättchen zu packen. Er produzierte ein Bauteil, das nur aus einem kleinen Stück Germanium und einigen Drähten bestand und nicht größer als eine

**Die Fertigung einer Halbleiterplatine ist ein hochautomatisierter Prozess**

Büroklammer war. 1966 war es so weit perfektioniert, dass er es zum ersten Mal in einen Taschenrechner einbauen konnte. In der Folge wurden immer größere Funktionseinheiten auf einem Chip zusammengefasst.

## Der Steuerungsbaustein

1969 beauftragte eine japanische Firma die Elektronikfirma Intel, einen Taschenrechner mit zwölf Halbleiterbausteinen zu entwerfen und zu produzieren. Der junge Intel-Mitarbeiter Edward Hoff wollte jedoch nur vier Chips verwenden, diese aber mit einem Steuerungsbaustein verbinden. Dem Auftraggeber war die Idee nicht geheuer, aber Hoff durfte trotzdem intern

## Erfindungen des 19. Jahrhunderts

1807 entwickelte der französische Konditor François Nicolas Appert ein Verfahren, Lebensmittel in Flaschen keimfrei aufzubewahren.

1807 baute der Amerikaner Robert Fulton ein hochseetaugliches Dampfschiff. Die erste Atlantiküberquerung fand 1837 statt.

1839 konstruierte Samuel Colt den Trommelrevolver. 1890 folgte die erste vollautomatische Pistole von John Moses Browning.

1840 gelang es dem französischen Chemiker Anselme Payen aus Holz Zellulose herzustellen, die bald zum Ausgangsstoff für Papier und Kunststoffe wurde.

1846 konstruierte Elias Howe die erste voll funktionsfähige Nähmaschine. 1851 erfand Howe auch den Reißverschluss. Allerdings klemmten die ersten Modelle häufig. Erst Ende des Jahrhunderts ersetzte der Schwede Otto Frederick Gideon Sundback die martialischen Haken durch benutzerfreundliche Klemmbacken.

1852 baute der Amerikaner Elisha Graves Otis den ersten Aufzug.

1856 entdeckte William Henry Perkin bei dem erfolglosen Versuch, aus Steinkohlenteer Chinin zu synthetisieren, eine intensiv lila färbende Substanz, die erste künstliche Anilinfarbe. In der Folge stellten Bayer, BASF (Badische Anilin- und Sodafabrik) und Agfa (Aktiengesellschaft für Anilin-Fabrikation) die künstlichen Farbstoffe in großen Mengen her.

1870 konstruierte der englische Zahnarzt Morrison einen handbetriebenen Bohrer zum Entfernen von Karies.

1890 fand Adolf von Baeyer ein Verfahren, Indigo, den am meisten benötigten Farbstoff, künstlich herzustellen.

1891 errichtete Oskar von Miller zwischen Lauffen am Neckar und Frankfurt am Main die erste Hochspannungsleitung der Welt.

1895 wurde an den Niagarafällen das erste Großkraftwerk in Betrieb genommen.

1897 extrahierte der Chemiker Felix Hoffmann Salicylsäure aus Weidenrinde und erkannte, dass sie ein wirksames Schmerzmittel ist. Noch im selben Jahr beginnen die Bayer-Werke mit der synthetischen Herstellung.

weiter an dem Projekt arbeiten. Zusammen mit seinem Kollegen Stan Mazer und Intel-Chef Robert Noyce gelang es ihm, einen Schaltkreis zu entwerfen, der das gesamte Rechen- und Steuerwerk eines Computers auf nur einen Chip integrierte.

Hoff baute mit seinen Kollegen mehrere Prototypen. Die fünfte Variante war 1971 bereit für die Serienherstellung. Auf dem 50 Quadratmillimeter großen Chip befanden sich 2 300 Transistoren. Die winzige Verarbeitungseinrichtung, der Prozessor, konnte über 4 000 Funktionen übernehmen. Das reichte zwar gerade, um eine Registrierkasse zu steuern, machte ihn aber in etwa so leistungsfähig wie den riesigen ENIAC aus dem Jahr 1946, einen Universalrechner und einen der ersten Computer überhaupt.

Zwei Jahre später hatten die Intel-Mitarbeiter einen Mikroprozessor gebaut, der einen der ersten Homecomputer namens Altair 8800 antreiben konnte.

### Steuerwerk für viele Geräte

Der Mikroprozessor war viel kleiner und billiger als die herkömmlichen zusammengesetzten Steuersysteme von elektrischen Geräten und auch zuverlässiger und viel energiesparender. Nur dank Mikroprozessoren konnten Computer so klein werden, dass sie sich fast jeder leisten kann. Sie sind aber auch in allen anderen Geräten mit elektronischer Steuerung enthalten.

### ➤ Die Schattenseite

**Durch die Mikroprozessoren werden immer mehr Geräte wie Computer gesteuert – digital und mit dem Binärcode. Alle Informationen werden so aufbereitet, dass sie von den Prozessoren besonders leicht zu verarbeiten sind. Aber das macht natürlich auch den Missbrauch der Daten leicht. Gegen Datenklau und Störprogramme (Viren) müssen aufwändige Sicherheitsmaßnahmen getroffen werden. Durch die Nutzung von Computern und Telefonen, aber auch von Geldautomaten und anderen Einrichtungen hinterlässt jeder Spuren, die zurückverfolgt werden können. Der einzelne Mensch wird dadurch immer durchsichtiger und kontrollierbarer.**

# Zugang für alle – PC und Internet

**Die Entwicklung von Mikroprozessoren hat den Computer nicht nur kleiner und billiger gemacht, sie hat seinen Charakter grundlegend umgekrempelt. Zuvor waren die großen unförmigen »Kisten« tatsächlich Rechner, die beim Auswerten großer Datenmengen halfen und komplizierte Rechnungen schnell ausführten. Mit dem Personal Computer (PC) wurde daraus ein multifunktionales Gerät: Rechner, Schreibmaschine, Unterhaltungsmedium und Kommunikationsinstrument.**

**Der Computer kommt nach Hause**

Die ersten Heimcomputer kamen in den siebziger Jahren des 20. Jahrhunderts auf – als Bausätze, die sich die künftigen Anwender selbst zusammenschrauben mussten. Der Apple I, von dem nur 200 Stück verkauft wurden, hatte sogar ein Holzgehäuse. Als Monitor diente in der Regel der Fernseher. 1977 entwickelte Steve Wozniak mit dem Apple II den ersten komplett zusammengebauten Computer mit Tastatur, Monitor und Diskettenlaufwerk.

Andere Firmen zogen schnell nach. Zum Renner unter den Rechnern wurde vor allem der billige C 64 der Firma Commodore. Deren Chef Jack Tramiel hatte die Devise: »Computers for the masses, not the classes!« (Computer für die Massen und nicht für die Klassen!).

**Der Apple-Rechner kam als erster Computer mit integriertem Bildschirm, Tastatur und Maus auf den Markt**

Im Team von Apple arbeiteten inzwischen auch der Informatikprofessor Jef Raskin und sein ehemaliger Student Bill Atkinson, die wesentlichen Anteil daran hatten, dass die Firma 1983 mit »Lisa« den ersten Computer mit grafischer Benutzeroberfläche und Maus auf den Markt bringen konnte. Wo die Benutzer sich früher Befehle merken mussten, brauchten sie nun nur noch auf Symbolfelder klicken. So revolutionär Lisa war, so teuer war der Computer mit 20 0000 Dollar pro Stück. Aber Apple schaffte es ein Jahr später mit dem Macintosh, der nach Raskins Lieblingsapfelsorte benannt wurde, einen günstigeren Nachfolger zu präsentieren. Mit der Einführung der grafischen Oberflächen trauten sich auch diejenigen an den Computer, die bislang fürchteten, mit einem falschen Befehl Schaden zu verursachen. 1982 brachte »Epson« den ersten Laptop auf den Markt, der die Benutzung unabhängig vom häuslichen Schreibtisch machte.

### Das Netzwerk

Durch die Heimcomputer gewannen die Rechner viele neue Funktionen hinzu, doch noch immer saß jeder allein vor seinem Gerät, führte seine Programme aus, gab seine Texte ein und spielte seine Spiele. 1964 vollzog sich ein Wandel. Joseph Licklider erklärte, die Computer müssten nun zu Kommunikationsinstrumenten werden.

### Die Gründung der ARPA

Nach dem Sputnik-Schock von 1957 beschloss der amerikanische Präsident Eisenhower die Gründung einer nationalen Agentur, der ARPA (Advanced Research Projects Agency), um künftig alle Forschungen im Bereich der Spitzentechnologie landesweit zu vernetzen und zu koordinieren. Es war schnell klar, dass die Kommunikation untereinander über Computer funktionieren sollte. Das Netzwerk sollte ohne zentrale Steuerung laufen, damit es nicht durch den Ausfall eines Rechners lahm gelegt werden konnte. Dazu brauchte man kein eigenes Leitungsnetz schaffen, sondern nur Standards für den Versand in den bestehenden Netzen festlegen. Jedes »Kommunikationspaket« innerhalb des Netzwerkes hat einen eindeutigen Absendernamen, eine eindeutige Adresse und eine standardisierte Form – das Sendeprotokoll war geschaffen.

**FÜR BESSERWISSER**

**Warum ein Apfel?**

**Das Logo der Apple-Rechner ist ein Apfel, genauer gesagt ein angebissener. Dieser soll auf einen tatsächlichen Apfel zurückgehen, den Raskin bei der Erfindung des Macintosh-Systems auf seinem Schreibtisch liegen und – wohl im Arbeitseifer – vergessen hatte.**

Der Psychologieprofessor Joseph Licklider übernahm 1962 die Leitung des Projektes und konzentrierte das ARPA-Engagement ganz auf den Aufbau dieses Netzwerkes. 1969 schlossen sich die ersten vier Forschungszentren schließlich zum ARPA-Net zusammen.

### Das World Wide Web

Neben dem ARPA-Net entwickelten sich weitere Kommunikationsnetzwerke wie das Usenet, dessen Benutzer E-Mails austauschen und sich in Diskussionsforen treffen konnten. Zu Beginn der neunziger Jahre des 20. Jahrhunderts existierten bereits Tausende von Teilnetzen.

1990 schlug Tim Berners-Lee, ein britischer Informatiker bei der Europäischen Organisation für Kernforschung (CERN) in Genf, seinen Arbeitgebern vor, ein Hypertext-System zu schaffen, mit dem Informationen über das Internet weltweit netzartig verbunden werden können. Er erfand das Format HTML (Hypertext Markup Language), entwickelte den Browser WorldWideWeb (weltweites Netzwerk), um damit Dateien verwalten, finden und ansehen zu können, richtete einen Webserver ein und erstellte für das CERN eine Website. 1994 gründete der Informatiker das World Wide Web Consortium, das Standards für diesen Internetdienst festsetzt. Berners-Lee machte dabei aber von Anfang an klar, dass alles frei zugänglich sein musste und nichts unter den Patentschutz fallen dürfe. Mit der Ausbreitung des so genannten World Wide Web begann der Siegeszug des Internets, das heute in fast jedem Privathaushalt zugänglich ist.

**FÜR BESSERWISSER**

#### WWW, E-Mail und Internet

**Das World Wide Web ist nicht mit dem Internet gleichzusetzen – es stellt nur einen Dienst im Internet dar. Auch E-Mail (englisch electronic mail = elektronische Post) ist ein solches, über das Internet abrufbares System, das mit anderen Sendeprotokollen arbeitet. Nach Schätzungen liegt das Versenden von E-Mails sogar noch knapp vor dem WWW auf Platz 1 in der Hitliste der genutzten Internetdienste – aber nur, weil nahezu genauso viele Spam-E-Mails (unerwünschte Werbenachrichten) wie erwünschte E-Mails verschickt werden. Erfunden hat den Dienst der Elektrotechniker und Programmierer Ray Tomlinson 1971 im Rahmen des ARPA-Nets.**

# Der Alleskönner – Laser

**Laser stellen eine der Schlüsseltechnologien unserer Zeit dar. Mit einem Laser kann man einen Namen in ein Haar gravieren oder ein rohes Ei so pellen, dass die Eihaut intakt bleibt. Dank dieser Präzisionstechnik können Wissenschaftler in viele Bereiche vorstoßen, die ihnen bisher verschlossen blieben.**

## Scharfer Strahl

Bereits 1917 beschrieb der deutsche Physiker Albert Einstein das Prinzip der stimulierten Emission. Dahinter steckt die Überlegung, dass Materie, die energetisch angeregt wird, energiegeladene Elementarteilchen abgibt, wenn sie wieder in ihren Ausgangszustand zurückkehrt. Diese Teilchen können andere Atome, Ionen oder Moleküle zur Abgabe von weiteren Teilchen stimulieren, die in Energie und Ausrichtung mit ihnen übereinstimmen. Auf diese Weise lässt sich eine extrem hohe und extrem gebündelte Energie erzeugen. 40 Jahre nach Einsteins Überlegungen wurde auf dieser Basis eines der wichtigsten Geräte der Gegenwart erfunden.

In den fünfziger Jahren des 20. Jahrhunderts arbeiteten die amerikanischen Physiker Charles Townes, Arthur Schawlow und James Gordon zunächst an einem Maser, einem Gerät, in dem energetisch angeregtes Gas gebündelte Mikrowellen aussendet. 1953 baute James Gordon den ersten Maser. Anschließend schufen Townes, Schawlow und Gordon Gould die Grundlagen für den Laser, in dem die Mikrowellen durch Lichtwellen ersetzt werden. 1960 baute der Landsmann Theodore Maiman dann das erste funktionierende Gerät und gab ihm den Namen Laser

**FÜR BESSERWISSER**

### Science-Fiction wird wahr

Strahlenwaffen tauchten bereits in Science-Fiction-Comics der dreißiger Jahre des 20. Jahrhunderts auf. Als Maiman seinen Laser der Öffentlichkeit vorstellte, titelten die Zeitungen: »Mann aus L. A. entdeckt Todesstrahlen aus Science-Fiction-Welt.«

(»light amplification by stimulated emission of radiation« = Lichtverstärkung durch stimulierte Abstrahlung).

### Was passiert?

Im Inneren eines Lasers wird ein Feststoff, ein Gas oder eine Flüssigkeit einer extremen Energiequelle ausgesetzt. Diese regt die Atome dieses Stoffes an und bringt sie zur Abstrahlung von so genannten Photonen (Lichtteilchen), die wiederum andere Atome zur Emission von neuen Photonen stimulieren. Die Energiezufuhr durch die Lampe ist so stark, dass innerhalb kürzester Zeit eine große Masse von Teilchen entsteht. Zwei Spiegel an beiden Enden des Lasers reflektieren auftreffende Photonen hin und her. Es sammelt sich eine Masse von völlig gleich ausgerichteten Teilchen. Ist eine bestimmte Intensität erreicht, schießt die gesammelte Energie als Strahl durch eine teilweise lichtdurchlässige Seite nach außen.

Welches Material verwendet wird, hängt vom jeweiligen Verwendungszweck des Lasers ab. So kommen beispielsweise zum Schweißen Kohlendioxid-Laser,

**Inzwischen erreicht man mit dem gebündelten Licht von Lasern eine enorme Energiedichte**

die hohe Dauerleistungen im Infrarotbereich erreichen, zum Einsatz, während in der Chirurgie häufig teure Yttrium-Aluminium-Granat-Laser genutzt werden.

### Tausendundeine Möglichkeit

Mit einem Laserstrahl lässt sich Energie gebündelt auf einen Punkt bringen. So kann Material präzise erhitzt, geschmolzen oder geschnitten werden. Laser werden deshalb in vielen Fertigungsmaschinen eingesetzt. Unverzichtbar sind sie für die Herstellung von Mikrochips, wo Strukturen im Nanobereich, bei denen es auf Milliardstelmillimeter ankommt, auf die Chips aufgetragen werden müssen. Weil Laser so exakt sind, ist es auch möglich, menschliches Gewebe damit zu bearbeiten, ohne dass die unmittelbare Umgebung Schaden nimmt. Bereits 1961 wurde in einem New Yorker Krankenhaus der erste Netzhauttumor mit einem Laser entfernt. Laser kommen heutzutage beim Veröden von Gefäßen, beim Aufschweißen abgelöster Netzhaut und als Laserskalpell bei verschiedenen Operationen zum Einsatz.

## Was der Laser alles kann

Mit einem Laser kann man auch biochemische Operationen ausführen. Bei der photodynamischen Therapie beispielsweise werden durch das Licht des Lasers in einem Tumor – und nur dort – toxische, also giftige Substanzen erzeugt, die ihn beschädigen.

Mit ihrer Präzision wurden Laser unverzichtbare Messinstrumente. Schon 1968 gelang es einem Mann, die Gespräche seiner Nachbarn zu belauschen, indem er mit einem Laser die winzigen Schallschwingungen der Fensterscheibe maß – zugegebenermaßen einer Einfachverglasung. Mit ihrer Präzision können Laser aber auch zum Steuern von Geräten verwendet werden. So funktionieren Drucker, CD-ROM-Laufwerke, CD-Spieler und DVD-Systeme mit Lasertechnik.

### ➤ Zukunftsmusik

**Die Wissenschaftler arbeiten daran, die Laser so zu optimieren, dass sie in die kleinsten Strukturen und die schnellsten Prozesse, die es auf der Erde gibt, eingreifen können. Das bedeutet: Nicht nur einzelne Moleküle, sondern sogar einzelne Atome, die nur etwa 0,25 Nanometer groß sind, sollen mit Hilfe von Lasern bewegt und bearbeitet werden können. Mittlerweile sind auch schon einige Laser fähig, Impulse von nur wenigen Femtosekunden – Billiardstelsekunden – zu senden. Dadurch können Femtosekundenlaser chemische Umwandlungen steuern, die in dieser Geschwindigkeit ablaufen.**

**Außerdem werden Laser entwickelt, die Leistungen im Bereich von einigen Terawatt, also einigen Milliarden Kilowatt, Energie sowie des mehrfachen Atmosphärenüberdrucks auf einen Punkt bündeln können. Damit könnten zum Beispiel lasergesteuerte Kernfusionen gelingen.**

## Erfindungen des 20. Jahrhunderts

1900 baute der Däne Valdemar Poulsen ein Telegraphon, das Töne auf magnetisierte Bänder aufzeichnete. Daraus entwickelte sich das Tonbandgerät, das die Allgemeine Elektricitäts-Gesellschaft (AEG) 1935 erfolgreich auf den Markt brachte.

1904 baute der Arzt Ferdinand Sauerbruch eine Druckkammer, die Lungenoperationen erlaubte.

1913 startete Henry Ford die Automobil-Fließbandfertigung.

1927 nahm die Deutsche Reichsbahn in den Erste-Klasse-Wägen zwischen Berlin und Hamburg das erste Mobiltelefon in Betrieb.

1929 erprobte der Arzt Werner Forßmann den von ihm entwickelten Herzkatheter im Eigenversuch.

1939 baute der ukrainische Ingenieur Igor Sikorski den ersten Hubschrauber.

1951 entwickelte der Chemiker Carl Djerassi die Anti-Baby-Pille. Sie kam 1960 auf den Markt.

1952 stellte der amerikanische Arzt Paul Zoll der Öffentlichkeit den Herzschrittmacher vor. 1958 wurde er das erste Mal einem Menschen eingepflanzt.

1955 entwickelte der indisch-britische Physiker Narinder Singh Kapany das Glasfaserkabel.

1962 erfand der amerikanische Ingenieur Nick Holonyak die Leuchtdiode (LED), die als leuchtendes Signalköpfchen, als Element von elektronischen Anzeigen in Uhren, in Taschenrechnern sowie in den ersten Computern große Verbreitung fand.

1965 entwickelte der Elektroingenieur und Unternehmer Rudolf Hell den computergesteuerten, fotoelektronischen Lichtsatz.

1967 fertigten die Mainzer Glaswerke Schott die erste Glaskeramik an, einen neuartigen Werkstoff, der in seinen Eigenschaften für den jeweiligen Einsatz maßgeschneidert werden konnte (zum Beispiel Implantate, Kochplatten, Teleskopspiegel, Mikrofilter).

1969 gelang dem russischen Wissenschaftler Lew Arzimowitsch die erste gesteuerte Kernfusion.

1987 entwickelten der deutsche Physiker Georg Bednorz und sein Schweizer Kollege Alexander Müller keramische Hochtemperatur-Superleiter.

# Es geht an die Substanz – die Gentechnologie

**Keine andere Technik hat bislang in so sensible Bereiche eingegriffen wie die Gentechnik. Denn die DNS im Kern jeder Zelle ist nicht einfach nur eine lange Kette aus harmlosen Aminosäuren. Sie ist die zentrale Steuerungseinheit jedes Lebewesens. Zwar haben die Forscher bisher längst nicht alle ihre Geheimnisse entdeckt, und doch haben sich bereits zahlreiche Erfinder darangemacht, Neues zu schaffen.**

## Den Genen auf der Spur

Dass es so etwas wie Gene überhaupt gibt, wurde erst in der zweiten Hälfte des 19. Jahrhunderts klar, als ein Augustinermönch namens Gregor Johann Mendel in seinem Klostergarten mit Erbsen experimentierte. In jahrelangen Versuchen fand er heraus, dass es Gesetzmäßigkeiten dafür gibt, wie sich bestimmte Eigenschaften der Elternpflanzen auf ihre Nachkommen übertragen. Mendel manipulierte noch keine Gene, sondern nur die Auswahl der Partner bei der Vermehrung.

1905 identifizierten Biologen die Chromosomen im Zellkern als Träger der Erbinformationen, 1953 war dann klar, wie diese aufgebaut sind. 1972 gelang es dem amerikanischen Biochemiker Paul Berg, eine Bakterien-DNS zu zerschneiden und mit einem Stück fremder DNS zu verändern. Ein Jahr später stellte sein Kollege Stanley Cohen auf diesem Weg erstmals einen genveränderten Organismus her. Er setzte in ein Escheria-coli-Bakterium ein verändertes Plasmid ein.

**FÜR BESSERWISSER**

### Forschung mit Grenzen

Paul Berg und Stanley Cohen waren die Ersten, die Regeln für die gentechnische Forschung forderten. Auf Bergs Bestreben hin trafen sich 1975 140 führende Wissenschaftler im kalifornischen Asilomar und erklärten ihren freiwilligen Verzicht auf bedenkliche Experimente, der zur Grundlage späterer Gesetzgebung wurde.

Das ist ein kleiner DNS-Ring, der nur bei Bakterien vorkommt, lediglich ein oder zwei Gene trägt und leicht zu manipulieren ist. Plasmide wurden in der Folge benutzt, um mit Hilfe manipulierter Bakterien fremde Gene in die Organismen von Tieren und Pflanzen zu schleusen.

## Alles scheint machbar

1982 kam synthetisches Insulin als erster genetisch produzierter Wirkstoff auf den Markt. Inzwischen ist die Erzeugung von Medikamenten und Enzymen mit Hilfe von gentechnisch manipulierten Bakterien zum Standard geworden.

1994 brachte eine amerikanische Firma eine Tomate auf den Markt, deren Reifeverhalten blockiert worden war. Sie erhielt nur in den USA und in Großbritannien eine Zulassung. Dort enttäuschte sie die Käufer geschmacklich. Der Versuch, einer Sojabohne das Gen einer Paranuss einzusetzen, um ihren Nährwert zu verbessern, wurde im gleichen Jahr eingestellt, weil die Sojasorte damit für Nussallergiker gefährlich wurde. Doch die Forschungen gehen weiter: In Japan arbeitet man an koffeinarmem Kaffee und in den USA an Pappeln, aus denen sich auf leichtem Weg Zellulose gewinnen lässt. Bereits auf dem Markt sind vor allem Mais, Soja, Raps und Baumwolle, die gegen das Unkrautvernichtungsmittel einer bestimmten Firma resistent sind. Auch humanitäre Projekte wie der »Golden Rice« – Goldener Reis – der beiden Wissenschaftler Paul Beyer aus Freiburg und Ingo Potrykus aus Zürich, der gegen den verbreiteten Vitamin-A-Mangel in Südasien helfen soll, werden kritisch gesehen. Auf konventionellem Weg könne man sehr viel billiger und risikoloser helfen.

### FÜR BESSERWISSER

**Problem Patent**

**Auch für die Erfindung gentechnisch veränderter Pflanzen oder Tiere gibt es Patente. Selbst für die Entschlüsselung von Genen können Patente beantragt werden. Wird diesen Anträgen stattgegeben, was übrigens schon geschehen ist, dann bedeutet das, dass kein anderer außer dem Antragsteller an diesen Genen forschen darf. Das geht sogar so weit, dass Firmen, die die Gene einer Heilpflanze entschlüsselt haben, versuchen, auch die konventionelle Züchtung und Nutzung dieser Pflanzen zu unterbinden, obwohl ihre Heilwirkung schon lange bekannt war.**

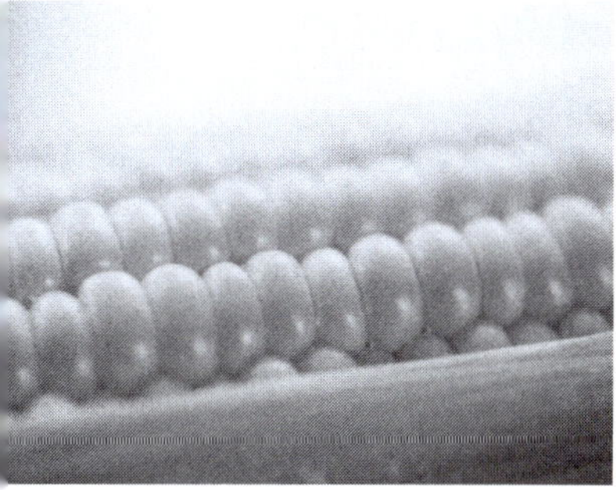

**Bestimmte Maissorten wurden durch genetische Veränderung resistent gemacht**

Generell besteht die Angst, manipulierte Pflanzen könnten sich auskreuzen, das heißt veränderte Gene auf wild wachsende Pflanzen übertragen und auf diese Weise das natürliche Gleichgewicht durcheinander bringen. Diese Befürchtung gilt für Tiere noch mehr. Beispielsweise ist die Zulassung von schnell wachsenden Lachsen stark umstritten. In manchen Aquarien tummeln sich jedoch – eine Schöpfung aus Singapur – Fische mit einem Quallen-Gen.

### Die Gentechnik in der Medizin

Noch chancenreicher, aber durch eventuellen Missbrauch auch problematischer stellt sich die Gentechnik in der Medizin heraus. Bei einer Gentherapie werden defekte Gene durch gesunde ersetzt. Dies wurde erstmals 1990 in den USA ausprobiert. Neun Jahre später starb jedoch ein Junge an einer solchen Therapie.

### Die Stammzellentherapie

Momentan sind die Stammzellen das Thema Nummer eins, denn es hat sich gezeigt, dass sich diese Art von Zellen auf vielfältige Weise manipulieren lässt. Die Anwendung dieser sehr variablen embryonalen Stammzellen ist ethisch höchst umstritten, da sie nur aus toten Föten gewonnen werden können, während adulte – erwachsene – Stammzellen beispielsweise im Rückenmark eines jeden Menschen zu finden sind. Auch das so genannte Klonen ist heutzutage in aller Munde. Es gelang erstmals 1996 dem schottischen Wissenschaftler Ian Wilmut mit dem Schaf »Dolly«. Das Thema des »Klonens von Menschen« läuft allerdings weniger darauf hinaus, erwachsene Doppelgänger zu erzeugen (wie es allgemein oft verstanden wird), als den wenige Tage alten Klon eines kranken Menschen in ein benötigtes Organ zu verwandeln.

# Alternativen sind gefragt – die Energie der Zukunft

**Während viele Bereiche der Technik heute nur noch hoch spezialisierten Wissenschaftlern mit dem nötigen Equipment offen stehen, haben im Bereich der alternativen Energien auch pfiffige Laien eine Chance. Denn um das Energieproblem der Zukunft zu lösen, sind Ideen unterschiedlichster Art gefragt. Oft haben die kleinen Lösungen sogar die bessere Chance, sich durchzusetzen.**

### Die großen Lösungen

Die großen Mineralölkonzerne schätzen, dass bereits im Jahr 2010 die Ölnachfrage die Fördermenge von Öl übersteigen wird. Nach weiteren 40 Jahren dürften die Vorräte dann erschöpft sein. Da der Einsatz der Atomkraft umstritten ist und die wirtschaftlich förderbaren Uranmengen in einigen Jahrzehnten zur Neige gehen werden, sind Alternativen also dringend gefragt. Im Grunde steht viel nutzbare Energie zur Verfügung. Doch es kommt darauf an, die Gewinnung dieser Energie wirtschaftlich zu machen: Die grundlegenden Erkenntnisse dafür sind oft schon alt.

Dass Licht Strom erzeugen kann, wenn es auf bestimmte Materialien trifft, hat zum Beispiel schon der französische Physiker Alexandre Edmond Becquerel – der Vater des Erfinders der Radioaktivität Antoine Henri Becquerel – 1839 ent-

**FÜR BESSERWISSER**

**Der Weg zur Wirtschaftlichkeit**

Das Problem der Photozellen ist, dass sie relativ teuer sind. Es gibt allerdings auch Einsatzgebiete, wo das keine große Rolle spielt. So funkte bereits 1958 der erste Weltraumsatellit mit Hilfe von Sonnenenergie seine Signale zur Erde. Eine weitere Schwierigkeit besteht darin, dass sie eine wirtschaftliche Förderung durch Einspeisevergütungen benötigen. Doch auf diese Weise ging die Forschung voran. 1997 stellte das Fraunhofer-Institut für Solar-Energiesysteme in Freiburg eine Solarzelle mit über 31 Prozent Wirkungsgrad vor.

deckt. 1880 stellte der Amerikaner Charles Fritts Vakuumphotozellen her, die er mit Selen bedampfte. Er brachte es auf magere 1–2 Prozent Energieausbeute.

## Solarzellen aus Silizium

Anfang der fünfziger Jahre des 20. Jahrhunderts machten Wissenschaftler der Bell Laboratories dann eine verblüffende Entdeckung: Gleichrichter, die mit Hilfe von Silizium Wechselstrom in Gleichstrom verwandeln, brachten eine erhöhte Ausbeute, wenn sie in der Sonne standen. Silizium hat also die Fähigkeit, Sonnenlicht in Elektrizität umzuwandeln. In den folgenden Jahren stellte ein Team unter Leitung von Gerald Pearsons fest, dass es im Prinzip recht unkompliziert ist, aus Silizium eine funktionierende Solarzelle zu machen. Die Bell-Wissenschaftler erreichten einen Wirkungsgrad von 6 Prozent und die New York Times titelte 1954 »Beginn einer neuen Ära«.

## Keine erfundene Erfindung

Eine ganz andere Idee, aus Sonne Energie zu erzeugen, hatte der Autor Hanns Günther 1931 in seinem Buch »In hundert Jahren«: Bei sei-

**FÜR BESSERWISSER**

**Wasserstoff**

**Die Wasserstofftechnologie ist nur eine Speichertechnik, denn die Erzeugung von Wasserstoff verbraucht mehr Energie, als sie bei der Verbrennung einbringt. Wandelt man aber zum Beispiel die Energie eines Aufwindkraftwerks in der Wüste in Wasserstoff um, dann kann man sie überall, zu jeder Zeit und für jeden Zweck benutzen. Zur Umwandlung dient die 1838 von dem Chemiker Christian Friedrich Schönbein erfundene und seitdem ständig optimierte Brennstoffzelle.**

nem Aufwindkraftwerk wird Luft unter einem durchsichtigen Dach aufgeheizt und strömt von dort in einen riesigen Kamin, wo eine Turbine angetrieben wird. In den achtziger Jahren des 20. Jahrhunderts zeigte der Stuttgarter Professor für Bauwesen Jörg Schlaich an einer Versuchsanlage in Spanien, dass dieses Prinzip funktioniert.

Der Strom der Zukunft muss jedoch nicht nur von der Sonne kommen: Die Erde ist im Inneren über 5 000 °C heiß und diese Erdwärme lässt sich nutzen. Bislang können allerdings nur einzelne, relativ hoch liegende »Hot Spots« ausgebeutet werden. An diesen »heißen Stellen«

unter der Erdkruste steigt Magma auf. Doch in 2 000–3 000 Meter Tiefe könnte man überall geothermische Anlagen konstruieren. Aber auch das ist noch zu teuer.

Auch die Idee, die Meeresbewegungen auszubeuten, ist schon älter. 1967 ging ein erstes Gezeitenkraftwerk bei St. Malo in der Bretagne in Betrieb. Noch interessanter als der Tidenhub, also der Wasserstandsunterschied zwischen den Gezeiten, ist aber die Nutzung der Meereswellen. Eine erste derartige Anlage dafür wurde im Jahr 2000 an der Küste der britischen Insel Islay errichtet und beruht auf einer Idee, die an der Universität Bristol entwickelt wurde. Die Brandungswellen drücken kontinuierlich Wasser in unterirdische Rohre, dadurch wird im Inneren der Rohre die Luft rhythmisch komprimiert und auf diese Weise lassen sich Turbinen antreiben.

### Kleine, aber feine Lösungen

Man muss kein Kraftwerk betreiben, um eine Menge Energie zu erzeugen; es gibt auch Lösungen in kleinerem Rahmen. Aus der – von Nikola Tesla Ende des 19. Jahrhunderts mitentwickelten – Energie sparenden Leuchtstoffröhre ist inzwischen durch mehrere Verbesserungen eine kompakte Energiesparlampe geworden, die nur etwa 20 Prozent der Energie einer normalen Glühbirne benötigt. Dank der Brennwerttechnik, bei der im Vergleich zu normalen Heizkesseln auch die im Kondensat enthaltene Energie des Abgases dem Heizkreislauf zugeführt wird, was den Wirkungsgrad erhöht, können auch Öl- und Gasheizungen inzwischen viel energiesparender betrieben werden. Elektrogeräte brauchen durch zahlreiche Verbesserungen inzwischen wesentlich weniger Strom als noch vor Jahren.

**FÜR BESSERWISSER**

**Passivhäuser sparen Energie**

**Die vielen Erfindungen, die inzwischen dazu geführt haben, dass Häuser gebaut werden können, die weniger als 1,5 Liter Öl pro Quadratmeter im Jahr an Heizenergie brauchen (Passivhäuser), sind vor allem Einzelkämpfern und kleinen Firmen zu verdanken. Die dabei häufig zum Einsatz kommende Wärmepumpe, die dem Erdreich oder der Luft Wärme entzieht, erfand 1851 allerdings schon der britische Physiker William Thomson, später Lord Kelvin.**

# In millionenfacher Ausführung – der Dübel

**Das Kinder-Baukastensystem »fischertechnik« ist fast jedem ein Begriff. Sein Erfinder Artur Fischer beweist, dass es die klassischen Erfinderkarrieren immer noch gibt. Er hat bislang über 1 080 Patente angemeldet und ist fest entschlossen, Thomas Alva Edisons Rekord noch einzuholen. Dabei ist seine wichtigste Erfindung eine ganz kleine – der moderne Dübel.**

## Befestigungen für jeden Zweck

Wer kennt sie nicht, die kleinen runden Teile aus Holz, mit denen so mancher Heimwerker schon zu tun hatte? Doch im Prinzip gibt es Dübel, mit denen sich Dinge nachträglich an Mauern oder Betonwänden befestigen lassen, schon seit Jahrhunderten.

Seit Beginn des 20. Jahrhunderts waren auch industriell gefertigte Dübel mit Metallhülsen auf dem Markt erhältlich. Die Hülsen mussten jedoch für jedes Bohrloch penibel maßgefertigt werden, damit sie dort auch einigermaßen fest stecken blieben.

Artur Fischer kam auf die Idee, witterungsbeständiges, dehnbares Nylon für die Hülsen zu verwenden. Er machte den Querschnitt kleiner als den der Schrauben und gab den Hülsen Seitenschlitze. So können die Dübel sich aufspreizen und fest im Bohrloch verklemmen. Zusätzliche Verzahnungen an den Seiten sorgen dafür, dass sich die Dübel jedem Material anpassen. Außerdem verpasste Fischer den Hülsen zwei kleine Sperrzungen, die ein

**Heute sind alle möglichen Arten und Größen des Dübels im Handel**

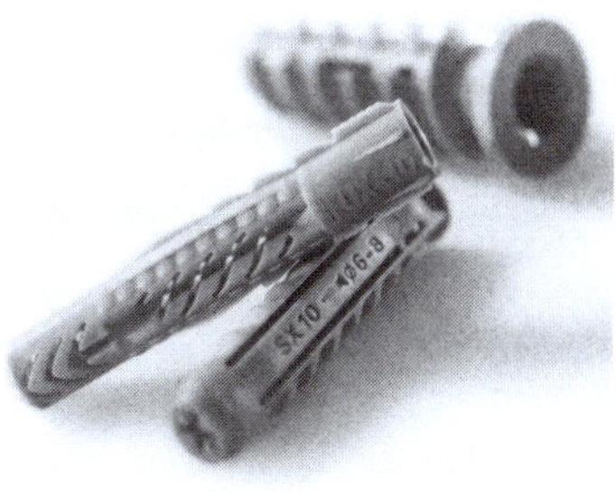

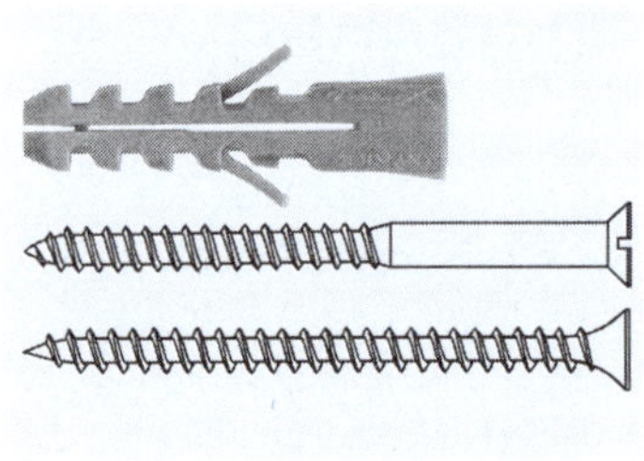

**Die sich eindrehende Schraube spreizt den Dübel, dessen Widerhaken die Halterung bewirken**

Durchdrehen verhindern. Auf diese Weise lassen sich äußerst schwere Lasten sicher per Dübel und Schraube befestigen. Doch nicht nur das: Die Verbindungen können durch ein Herausdrehen der Schrauben auch wieder leicht gelöst werden.

Dieses grundlegende Prinzip eines Dübels verfeinerte Fischer später immer weiter. Die meisten im Handel üblichen Dübelarten, zum Beispiel Metallspreizdübel, Verbundanker, Hinterschnittanker oder einfache Holzdübel, gehen auf Fischers Konstruktionen zurück. Er erfand außerdem Dübel, die sich im medizinischen Bereich einsetzen lassen. So können mit einem bestimmten Dübel beispielsweise Knochenbrüche fixiert werden. Heute stellt die Firma Fischerwerke Befestigungssysteme bis hin zum schwersten Anker her – vor allem aber täglich etwa 7 Millionen Dübel.

**Immer praktisch**

Fischers erste bedeutende Erfindung war ein Blitzgerät. Als nämlich 1948 seine Tochter geboren worden war, weigerte sich eine Fotografin, ein Bild von der Kleinen zu machen, weil sie fürchtete, mit ihrem Pulverblitz die enge, dunkle Wohnung der Familie in Brand zu setzen. Ein Jahr später hatte der junge und geniale Vater das erste synchron arbeitende Blitzlichtsystem entwickelt, das die Firma Agfa ihm sofort abkaufte und das sich dann später erfolgreich im Handel verkaufte. Die Entwicklung des Geräts war recht improvisiert vor

FÜR BESSERWISSER

**Nicht nur Technik im Kopf**

**Wie man zu einem der erfolgreichsten Erfinder weltweit wird, erklärt Artur Fischer folgendermaßen: »Erfindungen kommen aus der Tiefe der Seele, das kann man nicht lernen. Man muss als Erfinder einen Bezug zu einer schöpferischen Macht haben. Erfindungen sind auch immer Auftrag.«**

sich gegangen: Die Knöpfe zum Auslösen des Blitzes hatte seine Mutter am Küchenherd gelötet.

Als eines seiner Erfolgsrezepte nennt Fischer: »Es muss klar sein, dass das, was man macht, anderen nützt.« Fischer wurde 1919 in Tumlingen im Nordschwarzwald geboren, wuchs als Sohn eines armen Schneiders auf und verließ bereits mit 15 Jahren die Schule, obwohl seine Eltern in der Lage waren, das Schulgeld für die Realschule aufzubringen. Der junge Fischer hingegen wollte sich nicht bei der Theorie aufhalten, er war ein Praktiker.

### Die Fischerwerke

1948 gründete Fischer die Fischerwerke und bestand darauf, möglichst viele Produkte selbst zu fertigen, was schon damals von vielen Betriebswirtschaftlern als unwirtschaftlich angesehen wurde. Selbst seine Dübel verbesserte Fischer oft gegen den Widerstand anderer, die nicht verstehen konnten, warum das Bewährte plötzlich nicht mehr gut genug sein sollte.

Fischer erfindet immer noch neue Geräte. 2001 gründete er eine neue Firma für Autozubehör. Dort werden beispielsweise Getränkehalter konstruiert, denen klebrige Cola nichts ausmacht.

**FÜR BESSERWISSER**

**Kein Tüftler**

**Erfinder werden oft auch als Tüftler bezeichnet. Völlig falsch, meint Artur Fischer. Tüftler »tüfteln« herum und erfinden dabei quasi aus Versehen etwas Neues. Erfinder hingegen machen sich mit dem Ehrgeiz ans Werk, etwas Neues zu erfinden und dies dann auch an den Verbraucher zu bringen.**

### Vater der Fischertechnik

Und wer bereits den Verdacht hatte, wird nun bestätigt: Artur Fischer ist auch der Vater der berühmten Fischertechnik, die Klein (und zuweilen auch Groß) mit den verschiedenartigsten Baukastensystemen erfreut. Das Programm verfolgt sogar einen besonderen technischen und pädagogischen Anspruch. So müssen alle Bausteine zueinander kompatibel sein, das heißt zusammenpassen, und können erweitert werden. Ein Begleitheft erklärt dem kleinen Konstrukteur wichtige physikalische Zusammenhänge und Phänomene, die mit den Baggern und Hebekränen auftreten.

## Von der Erfindung zum Patent

Ursprünglich verstand man unter einem Patent ein Schriftstück eines Herrschers, in dem irgendeine Genehmigung oder Vergünstigung erteilt wurde, doch dies wandelte sich im 15. Jahrhundert. 1421 erhielt der Baumeister Filippo Brunelleschi die alleinige Berechtigung zur Herstellung eines Schiffes mit Kran – das erste bekannte Patent im heutigen Sinne. 1474 erließ Venedig das erste Patentgesetz. Im 16. Jahrhundert waren Patente zwar weit verbreitet, aber nur lokal gültig.

Mit dem Aufkommen der Patentämter Ende des 19. Jahrhunderts begann die Veröffentlichung der Patentschriften. In Deutschland trat das erste allgemeine Patentgesetz sehr spät in Kraft, nämlich erst 1877 auf Betreiben von Werner von Siemens und gegen den Widerstand von Vertretern des Handels, die den freien Wettbewerb behindert sahen. Das erste nach diesem Gesetz verteilte Patent ging an Johann Zeitner von der Nürnberger Ultramarin-Fabrik für die Herstellung einer roten Farbe.

Um ein Patent auf eine bestimmte Erfindung zu bekommen, muss der Erfinder das zugrunde liegende Problem beschreiben und eine Lösung präsentieren. Als Gegenleistung dafür, dass er seine Idee für alle öffentlich macht und so genau beschreibt, dass jeder Fachmann sie nachvollziehen kann, bekommt er für 20 Jahre die ausschließlichen Nutzungsrechte. Neben Patenten für Erfindungen erteilt das Patentamt auch Gebrauchs- und Geschmacksmuster, beispielsweise für Markennamen, Parfumdüfte, Möbeldesigns, Schriften oder neue Schokoriegel.

Patente müssen gewerblich anwendbar sein, wodurch offenkundiger Unsinn ausgeschlossen wird. Außerdem wird ein technischer Charakter gefordert, weswegen aktuell debattiert wird, ob Patente auf Software überhaupt möglich sind. Drittens müssen sie tatsächliche Neuerungen darstellen. Eine handwerklich nahe liegende Lösung reicht allein nicht aus. Trotzdem gibt es immer wieder Auseinandersetzungen, ob Patente zu weit gehen, vor allem in der Gen- und Biotechnologie. So hat zum Beispiel eine amerikanische Firma vom Europäischen Patentamt in München ein Patent für mehrere in Europa bereits länger übliche Brustkrebstests bekommen. Diese Tests sind damit viel teurer geworden und können auch nur noch in den firmeneigenen Labors in den USA durchgeführt werden. Eine deutsche Firma, die sich Stickstoffmonoxid – das ebenfalls bereits ein lange bekanntes Mittel gegen Lungenfunktionsstörungen vor allem bei Frühgeborenen war – patentieren ließ und den Preis dann um 5 000 Prozent erhöhte, hat ihr Patent inzwischen wieder entzogen bekommen. Ebenso wie eine amerikanische Firma, die sich die Entdeckung des seit langem genutzten tropischen Niembaumes patentieren ließ. Überhaupt werden »Patente auf Leben«, wie es beispielsweise 1988 für die von Harvard-Wissenschaftlern gentechnisch manipulierte »Krebsmaus« erteilt wurde, von vielen verurteilt. Die Gegner sehen darin eine Verletzung »der öffentlichen Ordnung und der guten Sitten«, gegen die ein Patent laut Gesetz nicht verstoßen darf.

Weltweit gibt es etwa 28 Millionen Patente. Beim Deutschen Patent- und Markenamt werden jährlich etwa 50 000 Neuanträge eingereicht, die meisten von großen Firmen. So war 2003 Siemens Rekordhalter mit 3 949 Patenten vor Bosch mit 3 178.

Wie aufwändig eine Patentpräsentation sein kann, erzählte der Ingenieur Christhard Deter, der 1997 den Deutschen Zukunftspreis des Bundespräsidenten für seine Laser-Display-Fernsehtechnologie erhielt. Für die Anmeldung des Patents musste das Team für zwei Gaslaser mit jeweils 160 Kilowatt Leistung ein großes Dieselaggregat im Garten des Europäischen Patentamtes aufbauen und dafür aus der Sprinkler- und Gießwasseranlage für Gartenbepflanzung 40 Liter Kühlwasser pro Minute entnehmen. Durch Weiterentwicklung ist die Laserquelle mittlerweile so geschrumpft, dass eine Steckdose für den Betrieb ausreicht.

# Pleiten, Pech und Pannen – Erfindungen, die die Welt nicht braucht

Viele Erfindungen sind in Vergessenheit geraten. Manchmal zu Recht, manchmal auch unverdient. Ein tiefer Blick in die Geschichte der Erfindungen lässt sie jedoch wieder auferstehen: Da finden sich die verschrobenen Sonderlinge, die sich kuriosen Ideen verschrieben haben. Daneben gibt es die tragischen Gestalten, die es nicht geschafft haben, das, was ihnen im Geiste vorschwebte, technisch umzusetzen, sei es, weil ihnen die finanziellen Mittel oder das Geschick fehlten, sei es, weil das, was sie sich erträumten, technisch einfach (noch) nicht möglich war. Viele gescheiterten Erfinder waren auch einfach zu früh oder zu spät dran. Sie wurden von der technischen Entwicklung überrollt, während sie noch mit Problemen kämpften, oder sie hatten Visionen, die noch keiner verstand.

So wie zu jeder Erfindermesse auch die beheizbare Computermaus, die elektrische Klobürste oder der Schneeballformer gehören, so gehören zur Geschichte der Erfindungen auch die, die gescheitert sind.

# Heron von Alexandria – das verspielte Genie

**Kennen Sie Heron von Alexandria? Über den antiken Mathematiker und Ingenieur ist kaum etwas bekannt, man weiß nicht einmal sicher, wann er gelebt hat. Die Vermutungen reichen von 200 v. Chr. bis 300 n. Chr. Wahrscheinlich lebte er an der Wende zum 1. Jahrhundert n. Chr., weil er die Mondfinsternis im Jahr 62 so anschaulich beschrieb, als hätte er sie miterlebt. Erhalten sind nur seine Werke – und deren Inhalte sind erstaunlich.**

### Religion, richtig in Szene gesetzt

Seine Schrift *Pneumatica* ist voller Ideen für Spielzeug, Scherzartikel und Theatereffekte – auch wenn damals manches religiös verbrämt war. So hatte Heron von Alexandria zum Beispiel einen automatischen Öffner für Tempeltüren erfunden: Wurde auf einem Altar vor dem Tempel ein Opferfeuer entzündet, dann öffneten sich die Türen. Erlosch das Feuer, dann schlossen sie sich wieder. Dieses Prinzip funktionierte so: Das Feuer erwärmte die Luft in einem Rohr, das im Sockel des Altars verborgen war und in einem Wassertank endete. Durch die Ausdehnung der Luft floss das Wasser über einen Heber in ein zweites Gefäß, das folglich zu Boden sank und so mit Hilfe von Ketten die Türen öffnete. Erlosch das Feuer wieder, erkaltete auch die Luft. Das Wasser strömte über den Heber zurück in den Tank. Das Gefäß wurde wieder angehoben und die Türen geschlossen.

### Antiker Weihwasserspender

Interessant ist auch die Beschreibung eines Weihwasserspenders, der ungefähr wie eine moderne Toilettenspülung funktionierte. In den Kasten wurde von oben eine Münze eingeworfen, die auf einen Hebel fiel und ihn durch ihr Gewicht niederdrückte. Dadurch hob sich ein Zylinder im Wassergefäß an und es öffnete sich ein Ventil. Nun konnte das geweihte Nass plätschern, und zwar so lange, bis die Münze schließlich zu Boden gerutscht war und der Hebel sich wieder in die Ausgangslage zurückbewegt hatte.

### Dampfkraft und Hebeeffekt

Die Dampfkraft, die im 18. und 19. Jahrhundert die Welt revolutionierte, benutzte Heron, um kleine Bälle tanzen zu lassen. Er entzündete unter einem wassergefüllten Gefäß ein Feuer. Der Wasserdampf entwich durch eine trichterförmige Öffnung und brachte durch seine Kraft einen leichten Ball zum Schweben.

Besonders liebte Heron Zauberkannen und andere Scherzgefäße. Durch geschickt im Inneren angebrachte Trennwände und Heber brachte er es fertig, aus ein und derselben Kanne wechselweise Wasser, Wein oder ein Gemisch beider Flüssigkeiten auszuschenken. Regulieren konnte er dies, indem er Luftlöcher im Henkel öffnete oder verschloss. Noch spektakulärer war der Tantalus-Becher, den man gelegentlich heute noch als Scherzartikel antreffen kann. In der Mitte des Bechers befindet sich ein Heber. Füllt man den Becher so sehr, dass der Hebeeffekt eintritt, dann rinnt alle Flüssigkeit erbarmungslos durch ein Rohr im Fuß des Bechers aus. Wer sich dagegen nur mäßig einschenkt, bleibt davon unbehelligt .

> **FÜR BESSERWISSER**
>
> **Der Hebeeffekt**
>
> **Ein Heber ist ein gebogenes Rohr in Form des Buchstabens »U«. Steigt die Flüssigkeit auf einer Seite über den Scheitelpunkt, zum Beispiel indem man sie ansaugt oder einen Unterdruck erzeugt, dann kann damit der gesamte Inhalt eines Gefäßes durch das Rohr nach oben gezogen und in ein anderes Gefäß umgeleitet werden.**

### Die Masse der Luft

All diesen teilweise recht abwegig erscheinenden Spielereien liegt ein – für damalige Verhältnisse – erstaunliches Wissen zugrunde. So war Heron völlig klar, dass die Luft Masse hat und aus Teilchen besteht, die sich ausbreiten, aber auch verdichten lassen. Durch Erhitzung und Verdichtung entsteht ein Überdruck, durch Abkühlung und Absaugen von Luft ein Unterdruck. Beides sind nutzbare Kräfte. Herons Vorwort zu seinem Werk

> **FÜR BESSERWISSER**
>
> **Die Schraube**
> Archimedes von Syrakus verwendete Schrauben zum Fördern von Wasser. Heron hingegen könnte der Erste gewesen sein, der Schrauben und Muttern als Befestigungssystem entwickelte. Jedenfalls gibt es einige Passagen über Herstellungsverfahren für hölzerne Schraubenmuttern und Schraubspindeln in seinen Büchern. Einsetzen ließen sich die Teile für Ölpressen und zum Weinkeltern.

*Pneumatica* zeigt, dass zu seiner Zeit nicht alle von dieser Tatsache überzeugt waren. Möglicherweise hoffte er, die Zweifler durch seine spektakulären Automaten davon überzeugen zu können, doch sein Wissen geriet im Mittelalter in Vergessenheit und wurde erst in der Neuzeit wiederentdeckt.

## Gedanken in alle Richtungen

Heron schrieb außerdem Werke über das Messen von Entfernungen und über mathematische Berechnungen. Er fand eine funktionierende Methode, wie man zum Beispiel einen Tunnel von beiden Seiten aus durch einen Berg bohren kann und sich in der Mitte auch wirklich trifft. Ungewiss bleibt, welche der Erfindungen wirklich gebaut und verwendet wurden. Im Übrigen ist es möglich, dass manche Ideen nicht von ihm stammen, sondern nur von ihm aufgezeichnet wurden.

## Griechische Rätsel

Herons Werke offenbaren den hohen Standard der griechischen Physik, den man schon bei Archimedes bewundern konnte. Des Weiteren gab es Ktesibios von Alexandria in Ägypten. Er lebte im 3. Jahrhundert v. Chr. und konstruierte eine Wasseruhr, in deren Behälter Wasser einläuft und dabei eine schwimmende Platte anhebt. Auf dieser Platte steht ein Männchen mit einem Zeiger, das auf einer Säule die richtige Uhrzeit, den Tag und den Monat anzeigt. Philon von Byzanz, der etwa zur gleichen Zeit wie Ktesibios lebte, baute eine Öllampe, die sich automatisch nachfüllte. Sank der Ölspiegel unter einen gewissen Punkt, wurde ein Luftloch freigegeben. So strömte Luft in den Ölbehälter, der über ein Füllrohr die Lampe nachfüllen konnte, und zwar so lange, bis das Luftloch durch das Öl wieder verschlossen wurde.

# Erfindungen, die nicht funktionierten – der Schneider von Ulm und das Perpetuum mobile

**Die Geschichte der Erfindungen ist oft auch eine Geschichte des Scheiterns. Viele von denjenigen, die später zu Ruhm und Ehre kamen, haben oft jahrelang vergeblich versucht, ihre Ideen umzusetzen und dabei ihre Erfindung und das Erfinden an sich überhaupt verflucht. Andere Dinge sind nie zum Laufen gekommen – nicht, weil ihren geistigen Vätern das Durchhaltevermögen gefehlt hätte, sondern weil die Idee grundsätzliche Fehler aufwies.**

## Versagende Motoren und abstürzende Flieger

Wenn es um die Autoentwicklung geht, wird häufig die Erfindung des Verbrennungsmotors als erster Meilenstein genannt. Doch das ist falsch. Die Idee, einen selbstfahrenden Wagen zu bauen, hatten vor Gottlieb Daimler und Carl Benz schon viele Menschen.

Um 1800 lag es nahe, die neu erfundene Dampfmaschine auf einen Wagen zu packen und ihn damit anzutreiben. Diese Wagen sind durchaus gefahren. So versuchte sich 1822 der britische Arzt und Erfinder Goldsworth Guerney an einem Dampfwagen, der die Postkutsche ersetzen sollte. Auf der Probefahrt jedoch stieß er auf einer engen Brücke mit einer Postkutsche zusammen, wodurch der Antrieb seines Wagens beschädigt wurde. Daraufhin lief die Maschine so schlecht, dass die Fahrgäste an den Steigungen schieben mussten. Auch der Abend brachte keine Besserung: Im Städtchen Melkham angekommen, wurde der Wagen von aufgebrachten Maschinenstürmern angegriffen.

Trotz dieser Startschwierigkeiten sind ab 1828 einige Dampfbuslinien für bis zu 40 Passagiere gefahren, beispielsweise zwischen London und Bath. Die Fortführung ihres Einsatzes scheiterte nicht an technischen Problemen, sondern an der britischen Regierung. Diese führte 1830 ebenso drastische Zölle wie Geschwindigkeitsbeschränkungen für die bis zu 40 Stundenkilometer schnellen Busse ein.

### Gescheiterte Pioniere

Auch Claude Niepce, der Bruder des Fotopioniers Joseph Nicéphore Niepce, widmete viele Jahre seines Leben der Entwicklung eines Motors. Als Antrieb wählte er pflanzliche Bärlappsporen, die – wie schon im Mittelalter bekannt war – in ein Feuer gestreut unter kleinen Explosionen verbrennen. Den Motor baute Claude 1807 in ein kleines Boot ein, und das Boot fuhr tatsächlich. Obwohl der Antrieb äußerst schwach und extrem unzuverlässig war, träumte sein Erfinder von einem Schifffahrtsunternehmen auf der Seine – vergeblich. Nach ungefähr 20 Jahren wandte er sich dann dem Perpetuum mobile zu.

Gescheitert sind auch viele Flugkünstler wie Albrecht Ludwig Berblinger, der Schneider von Ulm, der mit seinem Gleitflieger 1811 in die Donau stürzte. Nachbauten jedoch

> **FÜR BESSERWISSER**
>
> **Und es funktioniert doch!**
>
> **Der erste Mensch, der es tatsächlich schaffte, sich nur mit eigener Kraft in der Luft zu halten, war 1977 der Radsportler Bryan Allen. Er benutzte dazu ein Ultraleichtflugzeug mit großer Spannweite, das ein Luftfahrtingenieur namens Paul MacCready konstruiert hatte. 1978 »radelte« Allen über den Ärmelkanal. Wer die Anstrengungen nachempfinden möchte, sollte auf seinem Hometrainer gut zwei Stunden lang eine Leistung von 250 Watt erbringen.**

bewiesen: Bei guter Thermik hätte er damit über die Donau segeln können. Schlimmer erwischte es 1874 den Belgier Vincent de Groof, der sich mit selbst gebauten Schwingen in 300 Meter Höhe aus einem Ballon stürzte und starb.

### Vergeblicher Traum

Scheitern mussten natürlich auch alle Versuche, gegen Naturgesetze zu verstoßen. Während man nicht genau weiß, was die Alchemisten bislang alles zusammenrührten, um aus minderwertigen Materialien Gold zu schaffen, sind die Ideen zum Perpetuum mobile, einer Maschine, die ohne Energieverbrauch fortwährend Arbeit leistet, gut dokumentiert: Klassisch ist zum Beispiel der Einfall des italienischen Alchemisten Marco Antonio Zimara aus dem 16. Jahrhundert. Er setzte auf den Austausch zwischen zwei Mechanismen. Eine Windmühle sollte mit ihrer Kraft einen Blasebalg antreiben, der wiederum die nötige Puste für die Windmühle lieferte. Noch häufiger ist in der Historie der Versuch zu finden, einen dauerhaften Kettenprozess zu schaffen. Die Glieder einer Kette fallen von einer Rampe nach unten und ziehen durch die Kraft ihres Falles immer neue Glieder nach, bis sie schließlich selbst wieder über die Rampe nach oben gezogen werden. Diese Versuche gingen so weit, dass sich 1775 die Pariser Akademie der Wissenschaften weigerte, weitere Entwürfe für ein Perpetuum mobile entgegenzunehmen.

### Das System ist entscheidend

Theoretisch denkbar ist ein Perpetuum mobile übrigens in einem völlig geschlossenen System, in dem keinerlei Energie durch Reibung, Wärmeverluste oder ähnlichen Energietransfer abgegeben wird. Allerdings ist es völlig unmöglich, aus solch einem System einen tief gehenden Nutzen zu ziehen – und das versuchten die meisten seiner Erfinder durchaus.

### ➤ Kein Bedarf

**Von dem Erfinder Artur Fischer wird berichtet, er habe einmal ein Bauklotzsystem entwickelt, das den Legosteinen Konkurrenz machen sollte. Unglücklicherweise kam er auf die Idee, die Klötzchen mit Glasperlen zu füllen. Bei den Kindern waren die lärmenden Bausteine ein voller Erfolg. Leider lag die Kaufentscheidung bei den Eltern.**

**Ebenfalls nicht durchsetzen konnten sich sprechende Taschenuhren im Jahr 1890. Sie enthielten eine Miniatur-Schallplatte mit einzelnen Tonspuren. Ein Uhrwerk sorgte dafür, dass die Nadel jeweils in der richtigen Spur blieb. Klappte man nun die Uhr auf, verkündete eine Stimme auf eine Viertelstunde oder eine halbe Stunde genau die Zeit. Da die Stimme jedoch sehr leise war und die Platte sich schnell abnutzte, kam der Gag bald außer Mode.**

## Unterwegs in der Erfinderszene

Junge Leute begeistern sich für Erfindungen

Junge Erfinder, so die Meinung von Rekorderfinder Artur Fischer, haben es heutzutage nicht leicht. Sie müssten ständig auf der Hut sein, dass ihnen die Konkurrenz ihre Ideen nicht stiehlt, und Patentanmeldungen seien sehr teuer. Doch für Letzteres wird Hilfe angeboten, zum Beispiel vom gemeinnützigen Deutschen Erfinder-Verband in Nürnberg, dessen Ehrenpräsident Fischer ist. Der Verband, dem 500 »freie Erfinder«, kleine Unternehmen und Forscher aus großen Firmen angehören, versteht sich als Anlauf- und Beratungsstelle und betreibt Lobbyarbeit für eine erfinderfreundlichere Politik.

Seit 1995 läuft das Programm INSTI zur Innovationsstimulierung vom Bundesforschungsministerium in Zusammenarbeit mit dem Institut der deutschen Wirtschaft in Köln. Es versucht, private und öffentliche Kräfte zu vernetzen. Dazu gehört die Gründung von lokalen Erfinderclubs, vor allem für Schüler. Der populärste Wettbewerb für junge Erfinder ist »Jugend forscht«, an dem seit 1965 etwa 130 000 Jugendliche teilnahmen, so auch Marc Brunke, dessen Firma heute Großereignisse bis hin zur Eröffnung der Olympischen Spiele in Athen mit Hilfe eines Glasfaserkabels beschallt, das er als 18-Jähriger erfunden hat.

Beliebter Treffpunkt der Erfinder in Deutschland ist die weltweit größte Erfindermesse IENA »Ideen – Erfindungen – Neuheiten«, die im November ebenfalls in Nürnberg stattfindet. Im Jahr 2005 stellten dort freie Erfinder und Erfindergruppen aus 30 Ländern etwa 680 Neuheiten aus. Den ersten Preis bekamen drei Russen, die ein mobiles, autarkes Aggregat für Operationen erfunden hatten, das kurz darauf beim Erdbeben in Pakistan zum Einsatz kam. Andere Erfindungen, die erstmals auf der IENA präsentiert wurden, sind zum Beispiel Inlineskates und Zahlenschloss.

# Adlerantrieb und schießender Spazierstock – aus dem Kuriositätenkabinett

**Wer etwas Neues erfinden will, der muss geistig die bisherigen Lösungen hinter sich lassen. Viele Möchtegern-Erfinder haben dies sehr gründlich getan. Manches ist völlig absurd, anderes würde durchaus funktionieren, allein, es hat sich niemand gefunden, der diese Apparaturen als Fortschritt begreifen wollte.**

### Mit Pedalen in der Luft und mit Dampf zu Fuß

Ein beliebtes Objekt von Erfindern waren schon immer Fortbewegungsmittel, namentlich Flugzeuge. Es gibt unzählige Entwürfe zu Flugbooten oder Luftfahrrädern. 1885 zeichnete der amerikanische Arzt W. O. Ayres zum Beispiel eine Art fliegendes Bettgestell, in dessen Mitte der Flieger mit einem Pedalantrieb und einer Handkurbel zahlreiche Hubrotoren in Bewegung brachte. 1875 wollte ein Mr. Macintosh einen Flugkorb an ein rundes Gestell hängen, an dem zehn Adler »als Antrieb« angeschirrt werden sollten.

Ebenfalls aus dem 19. Jahrhundert stammt der Entwurf für einen dreistöckigen Omnibus, in dessen unterem Stockwerk mehrere Pferde auf einem Laufband für Schwung sorgen, während die Fahrgäste in den oberen zwei Stockwerken Platz nehmen. Eine Steuerung des Gefährts schien nicht vorgesehen. Ähnlichen Datums ist das Elektrische Luft-Velociped, ein automa-

**FÜR BESSERWISSER**

**Die Vélo-douche**

**Auf einer Fahrradausstellung präsentierte 1897 ein Erfinder die Dusche mit Pedalantrieb. Vorteil: Der Radler konnte die Stärke des Schwalls gut dosieren. Nachteil: Die Dusche pumpte immer wieder das gleiche Wasser aus dem Becken, in dem der Multifunktionsheimtrainer stand, nach oben.**

tischer Karren, der sich an den Hochspannungsleitungen entlangbewegen sollte. Wie und ob sich der Erfinder das Ein- und Aussteigen vorstellte, darüber existieren keine Informationen.

## Kurios und mobil

Des Weiteren schlug 1922 ein Herr Haehnel eine zwar sprunghafte, aber schnelle Fortbewegung durch kleine Verbrennungszylinder unter jedem Schuh vor.

Ein komfortables Rettungsgerät für Schiffbrüchige erfand Monsieur Aine 1895. Man saß – mit einer Art Hosenträger fixiert – auf einem aufblasbaren Balg und trieb mit Pedalen einen Propeller an. Mit den Händen musste zur Stabilisierung ein zweiter, senkrechter Propeller bewegt werden. Außerdem hatte der Erfinder einen Kompass, einen Mast mit Segel, eine Laterne und eine kleine Box mit Notverpflegung eingeplant.

## Alles bedacht

Sehr schön ist auch die Butter-Schaukel-Wiege aus dem Jahr 1873. Durch die Bewegungen eines Schaukelstuhls wurden über ein Rollensystem eine Babywiege in

### Für Besserwisser

**Der Teekessel von Mrs. Guppy**

**Er stammt aus dem Jahr 1812. Die sparsame Dame befestigte darin einen Eierkorb, sodass die Frühstückseier mitgekocht wurden, bevor sie mit dem Wasser den Tee aufbrühte. Gleichzeitig konnte man in einer Vertiefung des Deckels den Toast warm halten.**

Schwung versetzt und der Stampfer eines Butterfasses bewegt. Die betreuende Person könnte nun gemütlich Zeitung lesen, aber der Erfinder erläuterte in der Patentschrift, die bisher »vergeudete weibliche Kraft« solle dem Stopfen und Nähen gewidmet werden.

Für den Herrn dagegen waren Schießspazierstöcke gedacht. Oder Schirme, die auf dem Hut befestigt wurden, sodass man beide Hände frei hatte. Für den Soldaten wurde ein Helm mit eingebautem Revolver und Kochtopf vorgeschlagen.

Überhaupt sind viele Erfinder äußerst fürsorglich. Ein Herr Leiter zum Beispiel meldete einen Nachttopf zum Patent an, der bei Füllung Musik zu spielen begann, um die lieben Kleinen auf nette Weise ans Töpfchen zu gewöhnen. Für sehr beschäftigte Leute hatte ein

Mr. Oates die Kaubürste erfunden – eine kleine flexible Bürste ohne Stil, auf der man jederzeit herumkauen konnte. Jenen, die keine Dusche hatten oder auf Reisen waren, konnte Mr. Kings Badesack von 1913 dienen. Man stieg in diesen Sack hinein, band ihn am Hals zu und ließ durch ein Ventil Wasser einlaufen. Etwas Mühe dürfte anschließend die Leerung gemacht haben.

Nur das Beste wollten natürlich auch all jene martialischen Apparaturen, die nächtliches Schnarchen verhindern sollten oder – seit einiger Zeit aus der Mode gekommen – mit denen lebendig Begrabene sich bemerkbar machen konnten.

**Kampf dem Ungeziefer**

Ein erfinderisches Lieblingsstück ist auch die Mausefalle. Ein Mr. Hughes zum Beispiel wollte den Köder über einen Stapel klebriges Papier hängen. Sobald die Maus festklebte, konnte man die oberste Schicht abreißen, die Maus einwickeln und entsorgen. Etwas unfreundlicher ging Mr. Ross vor. Er lockte die Maus in eine kleine Kammer, in der sie von einer Harpune aufgespießt und anschließend gegrillt werden sollte. Mr. Archer dagegen wollte Insekten fangen. Er installierte zwei elektrische Kontakte so miteinander, dass der Stromkreis sich schloss, wenn ein Insekt hindurchflog. Dieser Apparat sollte an strategischen Stellen platziert werden. Ob einem Insekt die Schließung des Stromkreises geglückt ist, ist nicht bekannt.

Als gesichert kann man annehmen, dass Mr. Myers sein Gerät zum Entfernen von Bandwürmern nie ausprobiert hat. Der Patient sollte, nachdem er eine Weile nichts gegessen hatte, ein Metallröhrchen mit Köder an einer Schnur schlucken. Dabei würde der Wurm nach dem Köder schnappen und durch eine herausschnellende Feder festgeklemmt. Anschließend könne man ihn an der Schnur aus dem Gedärm ziehen.

**FÜR BESSERWISSER**

**Ein Warnhinweis**

**Die meisten der obigen Ideen dürfen nicht nachgeahmt werden, da sie Patentschutz genießen. Während es im romanischen Sprachraum Tradition ist, dass eine Erfindung auch funktionieren muss, war das vor allem in Amerika lange Zeit völlig unerheblich.**

# U-Boot mit Ruder – Erfindungen, die zur falschen Zeit kamen

**Nicht alle Erfindungen, deren Durchsetzung scheiterte, waren unbrauchbar oder abwegig. Manche wurden auch einfach zur falschen Zeit gemacht. Während ihre Umwelt über die vermeintlich absurden Ideen den Kopf schüttelte, bewundern wir im Nachhinein die Weitsicht der Erfinder.**

## Zu früh

1620 ließ der niederländische Physiker und Ingenieur Cornelius Jacobszoon Drebbel in der Themse das erste Unterseeboot zu Wasser. Der Bootskörper war mit gefettetem Leder überzogen. Bewegt wurde es von Ruderern, die durch Schnorchel atmen mussten, ihre Schläuche waren an einem Floß an der Wasseroberfläche fixiert. Der Tauchmechanismus soll aus Schweinsblasen mit Röhren bestanden haben, die in die Außenwand des Schiffes integriert worden waren. Zum Tauchen lösten die Matrosen Schnüre an den Blasen, und Wasser strömte ein. Zum Auftauchen mussten die armen Männer das Wasser wieder aus den Säcken drücken und sie zubinden.

Was nach einem Hirngespinst klingt, soll tatsächlich funktioniert haben. Drebbel baute angeblich vier Boote mit bis zu 16 Mann Besatzung. Eines soll König James I. und Tausenden von Londonern vorgeführt worden und in drei Stunden von Westminster nach Greenwich gefahren sein. Drebbel wollte dieses U-Boot mit Waffen ausgerüstet gegen feindliche Schiffe einsetzen, doch James I. zog nicht mit. So

**FÜR BESSERWISSER**

### Der erste Rollstuhl »ohne Beyhülffe«

In der ersten Hälfte des 17. Jahrhunderts lebte in Nürnberg ein gelähmter Uhrmacher namens Stephan Farffler. Um mobil zu sein, baute er sich einen dreirädrigen Wagen, der mittels Handkurbel über ein Zahnrad angetrieben wurde. Er erregte großes Aufsehen, als er »sich selbst ohne eines anderen Beyhülffe zur Kirche fuhr«. Schule gemacht hatte sein Vorbild jedoch nicht.

wurde das erste U-Boot erst 1864 wieder reaktiviert und im Amerikanischen Bürgerkrieg eingesetzt.

**Die Erfindung des Telefax**

Wenig bekannt ist auch, dass das Telefax vor dem Telefon erfunden wurde. Um 1840 entwickelte der zwanzigjährige schottische Uhrmacher Alexander Bain einen elektrochemischen Fernschreiber für Bilder. Er fertigte eine Ätzung auf Kupfer von der zu kopierenden Seite an. Diese ließ er von einem elektrisch leitenden Stift an einem Pendel abtasten. Immer wenn dieser direkt auf Kupfer stieß, wurde ein elektrischer Impuls ausgelöst, den am anderen Ende der Leitung ein parallel geschalteter Stift als schwarzen Punkt auf dem Papier markierte. Nach jeder Zeile, sprich jedem Pendelschwung, schob ein Mechanismus Vorlage und Papier um eine Winzigkeit weiter.

Bain stellte sein Gerät dem bekannten Physikprofessor Charles Wheatstone vor, der selbst zwei Telegraphensysteme entwickelt hatte. Doch der riet: »Ich würde dieses Ding nicht weiterentwickeln – das hat alles keine Zukunft!« Bain versuchte es trotzdem, hatte aber nicht die Mittel, um seine Erfindung durchzusetzen.

Später verbesserten andere das System und von 1865 bis 1870 gab es zwischen Paris und Lyon tat-

**Der Zwang des Erfindens**

»Es gibt zwei Übel, die auf einen Mann von Gemüt äußerst peinigend wirken: Das eine ist eine zänkische Frau und das andere der Trieb, Dampfboote zu erfinden«, klagte der Amerikaner John Fitch. Besessen wie viele Erfinder baute der Uhrmacher und Landvermesser sein Boot trotzdem. Zwei Dampfmaschinen trieben je 12 mit Stangen verbundene Ruder an. 1790 nahm er den Linienverkehr auf dem Delaware-River auf. Doch die Schiffe waren noch zu langsam, um erfolgreich zu sein, und Fitch trank sich zu Tode. Als Erfinder des Dampfschiffs gilt deshalb meist der amerikanische Ingenieur Robert Fulton, der 1807 das erste kommerziell erfolgreiche Dampfschiff mit dem Namen »North River Steamboat of Clermont«, kurz »Clermont«, baute.

sächlich eine Faxverbindung. Auch zu Beginn des 20. Jahrhunderts wurden Zeitungsfotos schon auf diese Weise verbreitet. 1956 entwickelte dann Rudolf Hell das Gerät weiter. 1983 machte es eine japanische Firma massentauglich.

### Wer zu spät kommt ...

Anton Flettner hatte Pech, er erfand seine Walzensegel für Schiffe zu spät. Diese »Segel« bestanden aus rund 15 Meter großen, hohlen, drehbaren Zylindern. Sein Trick war folgender: Die Walzen rotierten mit Hilfe eines kleinen Motors. Wenn Wind dagegen strömte, entstand auf einer Seite ein Unterdruck, auf der anderen ein Überdruck und das ganze System, also die Walze samt Schiff, wurde in Richtung des Unterdrucks gepresst. Ähnliche strömungstechnische Gegebenheiten führen übrigens dazu, dass ein Flugzeug sich in die Luft erhebt.

1924 lief das erste Schiff mit zwei Walzensegeln beziehungsweise Flettnerrotoren aus. Die Sache funktionierte. Die Schiffe boten vielleicht nicht einen so schönen Anblick wie die eleganten Segelschiffe, waren aber genauso leistungsfähig, dabei aber sicherer und viel einfacher zu handhaben. Verschiedene Manöver wurden durch Änderung der Drehzahl beziehungsweise durch die Änderung der Richtung gefahren.

**FÜR BESSERWISSER**

**Energiesparen im 17. Jahrhundert**

**Ein französischer Techniker namens Salomon de Caus erfand bereits 1615 den Solarspringbrunnen. Er reihte mehrere Brenngläser so auf einem Gestell auf, dass ihre Reflexion auf einen mit Wasser gefüllten Behälter gerichtet war. Von dort konnte das erwärmte Wasser sich über ein Rohrsystem ausbreiten, bis es aus der Mündung des Springbrunnens sprudelte.**

### ... den bestraft die Wissenschaft

Das Problem der Erfindung lag in der Jahreszahl: 1924. In dieser Zeit wurden die Dieselmotoren immer leistungsfähiger. Ein auf den Wind angewiesenes Schiff konnte bei dieser Steigerung der Geschwindigkeit nicht mehr mithalten. Dass die Schiffe energiesparender waren, weil ja nur die leichten, leicht drehbaren Walzen angetrieben werden mussten, spielte in der damaligen Zeit außerdem noch keine nennenswerte Rolle.

## Erfundene Erfinder

1952 schuf Disney-Zeichner Carl Barks Daniel Düsentrieb, im Original Gyro Gearloose genannt, der sich mit dem Spruch »Dem Ingeniör ist nichts zu schwör« daranmacht, die unglaublichsten Apparate und Maschinen zu erfinden.

Der automatische Butterbrotstreichapparat und das Telefon mit eingebautem Bügeleisen sind in diesem Zusammenhang noch leichtere Übungen. Es gibt auch überlichtschnelle Weltraumraketen, eine Zukunftskamera, heißes Eis für Eistee, Dunkellicht und vieles andere (Kuriose) mehr.

Neben seiner Erfindungsgabe gibt Daniel Düsentrieb den klischeehaft zerstreuten Wissenschaftler, der vergisst, dass er die verschwundene Brille auf seiner Nase sitzen hat und natürlich nie Profit aus seinen Erfindungen schlägt. Ihm steht ein kleiner Roboter namens Helferlein zur Seite, der einmal in Form einer defekten Glühlampe von Donald Duck zum Reparieren abgegeben wurde.

Daniel Düsentrieb ist so populär geworden, dass die Technische Universität Hamburg sogar einen Düsentrieb-Wettbewerb ausgeschrieben hat.

Während James Watt einmal meinte »Um etwas richtig zu machen, muss man herausfinden, was man dazu nicht braucht«, zeichnen sich die erfundenen Erfinder meist durch grandios aufwändige Konstruktionen aus. Das beste Beispiel ist Professor Lucifer Gorgonzola Butts, eine Erfindung des amerikanischen Comiczeichners Rube Goldberg, der stets monströse Lösungen für kleine Alltagsprobleme erfindet – etwa den »Bleistiftanspitzer in 19 Arbeitsschritten« –, sodass »Rube Goldberg-Machine« im Englischen sprichwörtlich für unnötig komplizierte technische Lösungen wurde.

Auch der von dem britischen Trickfilmer Nick Park geschaffene Knetmann Wallace ist um die Vollautomatisierung des täglichen Lebens bemüht. Geht etwas schief – und die Pannen füllen bislang drei kurze und einen langen Film –, dann darf sein stummer, aber superintelligenter Hund Gromit das Problem lösen.

# Mit Nebenwirkungen – schädliche Erfindungen

**Das mit Erfindungen einhergehende Risiko ist oft nicht abschätzbar. Daher haben sie auch Opfer gefordert. So starb Alfred Nobels Bruder durch Nitroglycerin, unzählige Flugpioniere stürzten ab und die unzuverlässigen Kessel der ersten Dampfloks töteten viele Heizer und Zugführer. Manche Erfindungen dagegen zeigten ihre Schattenseiten erst nach und nach.**

## Faszination Radium

1896 entdeckte der französische Wissenschaftler Antoine Henri Becquerel eine unbekannte Strahlung. Das begeisterte die junge Physikerin Marie Curie derart, dass sie sich in einem Lagerraum daranmachte, einige Tonnen der besonders stark strahlenden Pechblende zu kochen, zu filtern, zu sieben und zu reinigen. Zwei Jahre später hatte sie zwei bis dahin unbekannte Elemente gefunden: Polonium und Radium. Letzteres strahlt eine Million Mal stärker als Uran. Einige Jahre später hatte die Wissenschaftlerin aus acht Tonnen Pechblende ein Gramm reines Radiumsalz isoliert. Es leuchtete im Dunkeln und konnte selbst durch einen geschlossenen Metallbehälter hindurch große Brandwunden auf der Haut hinterlassen.

Die medizinische Fachwelt reagierte mit Begeisterung auf das neue chemische Element. Denn Radium, von dem es auf der Welt nur geschätzte 760 Gramm gibt, schien die Fähigkeit zu haben, Krebstumore und andere Geschwülste zu vernichten. Wegen seiner Leuchtkraft mischte man es auch Farben bei. Erst 1924, als man feststellte, dass Ziffernblattmalerinnen, die für ihre Arbeit radiumhaltige Leuchtfarbe benutzten und dabei die Pinsel im

**FÜR BESSERWISSER**

### Gut gemeint

**Für 150 000 Dollar hätte Marie Curie ihr Radium verkaufen können, aber sie weigerte sich. Radium sei ein Hilfsmittel der Barmherzigkeit und gehöre der Menschheit, erklärte die Frau, die im Ersten Weltkrieg im Lazarett Dienst tat.**

**Marie Curie (links), die Entdeckerin des Radium, verseuchte sich bei der Arbeit mit dem strahlenden Element**

Mund befeuchteten, eine Kiefer-erkrankung bekamen, wurden die gesundheitsschädlichen Folgen radioaktiver Strahlung klar. Doch diese Erkenntnis setzte sich nur langsam durch.

### Hustensaft mit Heroin

In der Medizin passierte Haarsträubendes. 1804 gelang es dem Apotheker Friedrich Wilhelm Sertürner aus Opium Morphin zu isolieren. Er untersuchte den neuen Wirkstoff und stellte fest, dass er schmerzlindernd war. Deshalb benannte er ihn wohl nach dem griechischen Gott des Schlafes »Morphium«.

Ab 1826 war Morphium ein frei erhältliches Medikament. Knapp 50 Jahre später wurde klar, dass der Wirkstoff nicht nur Schmerzen lindert, sondern auch extrem süchtig macht. Einen Ersatz glaubte man in Heroin gefunden zu haben. Es wurde statt des Morphiums angeboten und sogar Hustensaft beigemischt. Es dauerte wiederum rund 50 Jahre, bis man auch diesen Fehler korrigierte.

Noch ein weiteres Medikament wurde berüchtigt, weil es für mindestens 5 000 missgestaltete Kinder verantwortlich war: das Schlafmittel Contergan. Das Bizarre ist, dass es Schwangeren extra empfohlen wurde, weil es weniger Nebenwirkungen zu haben schien als andere Mittel.

**FÜR BESSERWISSER**

#### Morphium auf Rezept

**Die Entdeckung des Morphins bleibt trotz allem ein großes Verdienst. Denn es ist nach wie vor in starken Schmerzmitteln enthalten, wie sie etwa Krebskranke bekommen. Es gibt sogar den Vorwurf, dass in Deutschland zu wenig solcher Mittel verschrieben werden.**

# Glossar

**Aerodynamik:** (griechisch: Bewegung der Luft), Teilbereich der Physik, der sich mit dem Strömungsverhalten von Gasen befasst.
**Asbest:** Natürlich vorkommende Mineralfaser aus Silikatmineralien, die wegen ihrer Feuerfestigkeit seit der Antike beliebt war, aber ab 1900 als gesundheitsschädlich erkannt und ab 1979 langsam verboten wurde.
**Ballistik:** Teilbereich der Physik, der sich mit Wurfbewegungen und Flugbahnen beschäftigt, insbesondere den Eigenschaften verschiedener Geschosse.
**Digital:** Übertragungsmechanismus mit einzelnen, voneinander abgesetzten Signalen im Gegensatz zu kontinuierlichen, aber in ihrer Stärke variierenden, analogen Signalen.
**Elektrode:** Leiter aus Metall oder Graphit, mit dem Strom in ein elektrisch leitendes Medium, etwa eine Flüssigkeit, geleitet wird.
**Elektrolyse:** Verfahren, bei dem chemische Stoffe mit Hilfe von elektrischem Strom in ihre Bestandteile zerlegt werden.
**Extrakt:** (lateinisch: Auszug), Isolierung eines bestimmten Bestandteils aus einem Gemenge.
**Gen:** Abschnitt auf der DNS, der eine bestimmte Information trägt.
**Generator:** Gerät zur Erzeugung von elektrischem Strom aus mechanischer Energie.
**Gleichrichter:** technische Vorrichtung, die Wechselstrom in Gleichstrom umwandelt.
**Geothermie:** (griechisch: Erdwärme) Meist wird nur die mit technischen Mitteln zugängliche und damit nutzbare Wärme im oberen Teil der Erdkruste damit bezeichnet.
**Guttapercha:** kautschukähnlicher Gummi aus dem Milchsaft der südostasiatischen Guttaperchabäume. Er ist bei Zimmertemperatur härter als Kautschuk, hat aber besonders gute Isoliereigenschaften.
**Heliozentrisch:** Vorstellung, die Sonne steht (griechisch: Helios) im Zentrum des Planetensystems.
**Hypertext:** eine nichtlineare Struktur von Texten, in der Regel Internettexte, die durch Links miteinander verbunden sind.
**Induktion:** Erzeugung elektronischer Spannung durch Veränderungen in einem Magnetfeld.
**Ion:** Atom oder Molekül, das durch Elektronenmangel oder -überschuss positiv oder negativ geladen ist.

**Kernfusion:** Verschmelzung zweier Atomkerne zu einem schwereren Kern. Um die Abstoßungskräfte der beiden Kerne zu überwinden, ist viel Energie und Druck nötig. Bei der Verschmelzung selbst wird jedoch auch wieder viel Energie freigesetzt.
**Kinematograph:** (griechisch: Bewegungsschreiber) Name Edisons für sein Filmvorführgerät.
**Kollodium:** zähflüssige Masse aus Kollodiumwolle, die in Alkohol gelöst wurde. Kollodiumwolle ist mit Salpeter- und Schwefelsäure behandelte Baumwolle.
**Kompression:** Verdichtung eines Stoffes durch Druck.
**Lichtsatz:** Vervielfältigung mit Hilfe von fotografischen Verfahren.
**Modem:** Gerät, das digitale Daten in analoge Signale umwandelt oder wieder digitalisiert.
**Molekül:** Teilchen, das aus mindestens zwei Atomen besteht.
**Pechblende:** ein sprödes, schwarzes Mineral, das viel Uran und Radium enthält.
**Perpetuum mobile:** Konstruktion, die in Gang gesetzt, immer in Bewegung bleiben soll, ohne dass Energie von außen zugeführt wird.
**Phonograph:** »Tonschreiber«, Gerät zur Aufzeichnung von Tönen.
**Pneumatik:** technische Nutzung von Luftdruck.
**Prozessor:** technische Einheit, die einen Verarbeitungsprozess steuert.
**Reaktor:** Raum, in dem eine chemische oder physikalische Reaktion abläuft.
**Stammzellen:** menschliche und tierische Zellen, die noch nicht spezialisiert sind.
**Supraleiter:** Materialien, die zum Beispiel bei extrem tiefen Temperaturen fast keinen elektrischen Widerstand mehr aufweisen.
**Synthetisch:** (griechisch: zusammengesetzt) allgemein die Verbindung von zwei Dingen zu einem neuen Dritten, in der Chemie die Erzeugung eines Stoffes aus seinen Bestandteilen im Labor.
**Telegraph:** Fernschreiber.
**Tomographie:** (griechisch »tome« = Schnitt) bildgebendes Verfahren, bei dem mehrere parallele Querschnittbilder erstellt werden.
**Wärmepumpe:** Gerät, das der Umgebung Wärme entzieht und diese auf ein höheres Temperaturniveau bringt.
**Yttrium:** ein silbrig glänzendes Metall, das in der Natur nicht rein vorkommt und in Lasern und Elektronenröhren verwendet wird.

# Stichwortverzeichnis